Impressum

Idee, Konzept und Herausgabe

Dorothea Hilliger
Realisiert am Institut für Performative Künste und Bildung der Hochschule für Bildende Künste Braunschweig

Gesamtgestaltung und Herstellungsbetreuung

Nina und Jörg Petri, Mülheim an der Ruhr

Lektorat

Daniela Kaufmann, Wetter an der Ruhr

Druck und Herstellung

druckhaus köthen GmbH & Co. KG

1. Auflage, 2018

Kontakt

Hochschule für Bildende Künste (HBK) Braunschweig
Referat Presse und Kommunikation
E-Mail: presse@hbk-bs.de
Homepage: www.hbk-bs.de

Printed in Germany
ISBN: 978-3-86863-183-8

KEINE DIDAKTIK DER PERFORMATIVEN KÜNSTE

Dorothea Hilliger

Dorothea Hilliger

KEINE DIDAKTIK DER PERFORMATIVEN KÜNSTE

Theaterpädagogisch handeln im Framing von Risk, Rules, Reality und Rhythm

Inhaltsverzeichnis

I. Einleitung

1. Zwischen Theaterkunst und Pädagogik – Orientierung für eine zukünftige Praxis

Dieses Buch spürt Übergänge zwischen Kunst und Pädagogik auf.

Kunst und Pädagogik stellen sich heutzutage nicht mehr zwingend als feindliche Brüder dar. Die Analyse von bereits erprobtem oder zukünftigem Zusammengehen steht aber noch am Anfang. Es ist eher die Kunst denn die Pädagogik, die für Überraschungen sorgt, indem sie auf eigenwilligen Perspektiven besteht, von Sichtweisen und Handlungsformen ausgeht, die Bekanntes unter einem fremden Blickwinkel sichtbar werden lässt und so im besten Fall neue Bedeutungen stiftet, während die Pädagogik eher Stabilität und Verlässlichkeit braucht. Von dieser Differenz in einem von Überschneidungen geprägten Handlungsfeld ausgehend, lote ich die Übergänge zwischen Kunst und Pädagogik aus, um Orientierungspunkte für eine zukünftige Praxis zu gewinnen. Damit richtet sich das Buch an alle, die künstlerisch mit Amateuren arbeiten oder arbeiten wollen, aber auch an jene, die institutionelle oder Finanzierungsentscheidungen in dem Feld zwischen Kunst und Pädagogik zu treffen haben.

Im Fokus stehen die Performativen Künste, die nicht nur von einer Austauschbeziehung zwischen verschiedenen Kunstformen geprägt sind, sondern auch Übergänge zu anderen sozialen Handlungsfeldern gestalten. Der Begriff der Performativen Künste umfasst diese Öffnung der Kunstform Theater wie auch ihren Handlungsbezug.

So bietet gerade die Theaterkunst, indem sie sich in den letzten Jahrzehnten beständig erweitert und neu erfunden hat, zahlreiche Ansatzpunkte zur Reflexion des Übergangs auch zwischen Kunst und Pädagogik. Neben dem literarisierten Theater mit seiner textbezogenen Figurenarbeit sind überall da, wo Theater gespielt wird, auch performative Formate entstanden. Deren Besonderheit ist eine offene, aus verschiedenen Materialien gewonnene Stückentwicklung, basierend auf einer regelgeleiteten künstlerischen Recherche, zumeist im (Performance-)

Kollektiv. Die in der Erarbeitung erprobten Handlungsverabredungen bestimmen nicht selten auch die Präsentation und werden so für ein Publikum sichtbar.

Performative Formate nehmen eigensinnig Bezug auf Phänomene der sozialen Umwelt, die sie zum Ausgangspunkt künstlerischen Gestaltens machen. Dies wird deutlich in den verschiedenen Ausprägungen, etwa im ortsspezifischen, biografischen oder dokumentarischen Theater, und zeigt sich auch in mancher Auseinandersetzung mit dramatischen Texten. Hier geht es explizit darum, neue Perspektiven auf das Selbst, eigene wie fremde Lebensformen und Haltungen zu gewinnen. Werden dabei die Voraussetzungen und die Bedingungen der Perspektivengewinnung in der Gestaltung selbst offengelegt, so um beides mit einem Publikum zu verhandeln.

Es gehört zu diesem komplexen Prozess der Positions- und Bedeutungsfindung dazu, nicht nur die Grenzen zwischen sozialer Umwelt und Kunst zu überschreiten, sondern auch die zwischen den Kunstformen Theater, Performance, Bildender Kunst und Tanz. Primäres Ziel ist nicht eine künstlerische Spitzenleistung, sondern, den künstlerisch geprägten Blick auf soziale Bedingungen und politische Verhältnisse, nicht zuletzt auf unser Alltagsleben zu richten. Im Rahmen dieses Prozesses ist die Grenze zwischen Kunst und Pädagogik neu zu erörtern.

Für die Theaterpädagogik ist der handlungsbezogene Zugriff zentral. In der performativen Auseinandersetzung einer Gruppe von Amateuren mit einem Text, einem Ort, einer Situation oder einer Biografie wird Bedeutung erst generiert, nicht etwa die in einem Theatertext scheinbar vorab schon enthaltene Aussage nur aufgesucht und dargestellt. Die Bedeutungsgenerierung schließt die Suche nach einer theaterkünstlerischen Ausdrucksform ein. In diesem Entwicklungsprozess kann die Theaterpädagogik ihre pädagogische, soziale und künstlerische Qualität gewinnen, so die aus verschiedenen Perspektiven reflektierte Grundannahme dieses Buches.

Die Öffnung der Kunstform und – in der Folge – der Institution Theater ist bereits heute von vielfachen Überschneidungen zwischen traditionell *der Kunst* und traditionell *der Pädagogik* vorbehaltenen Feldern geprägt. Schulen konfrontieren sich mit ungewohnten pädagogischen Impulsen, indem sie Künstler für Theaterprojekte engagieren. Theaterlehrer suchen die Zusammenarbeit mit Theatern, um ihr eigenes künstlerisches Profil zu stärken. Theater- und Performancekünstler entdecken Schulen als sozialen Handlungsraum, Schüler und Schülerinnen als Spielpartner und beides zusammen als künstlerische Herausforderung. Stadt- und Staatstheater verhandeln in jungen Sparten Sichtweisen, Haltungen und Anliegen von Heranwachsenden.

An unterschiedlichen Orten, in verschiedenen Institutionen, getragen von Akteuren, die beständig Übergänge zwischen Kunst und Pädagogik erproben, ist eine Theaterkunstszene entstanden, die höchst lebendig und aktiv ist. Diese Entwicklung lässt sich als eine Bewegung kennzeichnen, in der Impulse und Anliegen aus Kunst, Pädagogik und verschiedenen anderen sozialen Feldern aufgenommen werden, wo schnell und wendig und oftmals in überraschender Weise auf sie reagiert wird.

In seinen vielfachen Bezügen auf künstlerische wie gesellschaftliche Entwicklungen und soziale Verhältnisse ist dies ein hoch relevantes Feld. Weil hier viel in Bewegung geraten ist, Neues erprobt wird, beständig Grenzen aufgesucht und ausgetestet werden, ist die Orientierung nicht immer einfach. Für die verantwortlichen Akteure, Künstler wie Pädagogen und alle, die sich im Zwischenfeld verorten, stellen sich vielfältige Fragen.

Welche künstlerische Form für welche Themen wählen?
Welches Format für welche Spieler?

Homogene oder von Diversität gekennzeichnete Gruppen suchen?

Recherchebasiert, mit einem dramatischen Text, biografisch oder ortsspezifisch arbeiten?

Inhaltliche und künstlerische Entscheidungen vorab oder im Prozess treffen?
Alleine oder in demokratischer Abstimmung?

Als Kollektiv oder alleine in die Zusammenarbeit mit einer Gruppe gehen?

Eher pädagogisch oder eher künstlerisch entscheiden?

Eine Kooperation eingehen – und wenn ja, welche?

Für die Theatergruppe einer Schule Künstler engagieren oder Lehrerkollegen eine qualifizierte Fortbildung ermöglichen?

Wie vermeiden, dass in der Zusammenarbeit zwischen Lehrern und Künstlern Konkurrenzen entstehen, die eine gegenseitige Bereicherung verhindern?

Wie damit umgehen, dass Künstler nicht selten ohne adäquate Vorbereitung mit fremden institutionellen Strukturen konfrontiert sind?

Ist eine künstlerische Arbeit in theaterfernen Strukturen überhaupt möglich?

Was tun, wenn Bildungsinstitutionen Projekte zwar gerne annehmen, daraus abzuleitende Bildungsimpulse aber nicht weiterführen?

Von welchem Theaterverständnis ausgehen?

Und von welchem Verständnis von Didaktik?

Ein wesentliches Ziel ist es, Praxiswissen sichtbar und fruchtbar zu machen, das sich in dem skizzierten Prozess der Öffnung der Kunstform Theater bei den zwischen Kunst und Pädagogik agierenden Akteuren herausgebildet hat. Die Situationsanalyse wird in einen Dialog mit historischen Entwicklungen und relevanten wissenschaftlichen Positionen gestellt, um Schlussfolgerungen für die Praxis ziehen zu können.

Schwerpunktmäßig zielt dieses Buch auf die Arbeit mit jungen Menschen. Das hat mit der Bedeutung zu tun, die ich einer ersten künstlerischen Auseinandersetzung Heranwachsender mit der Welt, in der sie leben, beimesse. Diese Auseinandersetzung ermöglichen performative Formate, und zwar unabhängig von Bildungsgang, Herkunftsfamilie und Theaterangeboten vor Ort.[1] Eine solche künstlerisch orientierte Praxis ist aber keineswegs nur für junge Menschen relevant. Dies zeigen theater- und tanzpädagogische Projekte an Theatern, die von ganz unterschiedlichen Amateuren getragen werden.

Das in diesem Buch vorgestellte Orientierungsangebot bietet einen Rahmen für Entscheidungen, die aber offen zu halten sind, wie es für jede künstlerische Praxis unablässig ist. Dadurch kann es für alle Akteure und Gruppen, die in eine Arbeit mit Amateuren gehen wollen, an unterschiedlichen Orten und verschiedenen Altersstufen entsprechend modifiziert werden.

Es soll ein Handlungsraum beschrieben und eröffnet werden, der den Eigensinn und die Dialektik des künstlerischen wie des pädagogischen Tuns würdigt und nicht, wie es in manchen Handreichungen, Methodiken, (Fach-)Didaktiken oder Curricula der Fall ist, in eine normative Strenge, pädagogische Engführung oder bürokratische Ausrichtung verfällt.

1 Die Schwerpunktsetzung enthält auch ein Plädoyer für die Einrichtung eines regulären Schulfaches Theater, das Basis einer vielfältigen, an unterschiedlichen Orten angesiedelten, lebendigen Amateurtheaterszene sein kann. Dieses Plädoyer hat nicht zuletzt damit zu tun, dass das vorliegende Buch aus dem bislang in Deutschland einzigen grundständigen Studiengang für das Schulfach Theater hervorgegangen ist. Der Studiengang *Darstellendes Spiel* ist Teil des *Instituts für Performative Künste und Bildung* der *Hochschule für Bildende Künste Braunschweig.*

Dafür werden die Beziehungen zwischen Kunst und Pädagogik im Sinne einer Familienähnlichkeit analysiert, beschrieben und weiterentwickelt.[2] Im Aufspüren von Gelenkstellen betone ich in der Denk- und Handlungsfigur des Übergangs das Gehen, also das aktive Ausschreiten eines ebenso differenten wie produktiven sozialen Feldes.

2 Familienähnlichkeit, von dem Philosophen Ludwig Wittgenstein ins Spiel gebracht, betont Zusammenhang, Überschneidung und Differenz.

2. Denken und Handeln in Übergängen – Warum eine Didaktik der Performativen Künste

Das Vorhaben, eine Didaktik der Performativen Künste zu schreiben, begleitet mich bereits seit etlichen Jahren. Am Anfang stand die Initiative zu einer Arbeitsgruppe. Alle Beteiligten waren praktisch oder theoretisch mit der Theaterpädagogik befasst. Es entwickelte sich ein wertvoller inhaltlicher Austausch, eine Didaktik schrieben wir aber nicht.[3] In der Analyse dieses Scheiterns erschien uns als zentraler Aspekt, dass es eine Didaktik, die eine gewisse Allgemeingültigkeit behaupten muss, in diesem Fach nur schwerlich geben könne. Zu individuell seien pädagogische Herangehensweisen wie auch künstlerische Ansätze – und müssten es auch sein, da das Handeln sich auf unterschiedliche Gruppen in verschiedenen Kontexten zu beziehen habe. Eine stimmige Überlegung, die aber in keiner Weise zufriedenstellend ist, handelte es sich doch – und handelt es sich heute mehr denn je – um ein expandierendes künstlerisch-pädagogisches Handlungsfeld. Seither beschäftigt mich die Frage, ob es eine der Spezifik der Performativen Künste entsprechende Organisation und Beschreibung von Lehr- und Lernprozessen geben kann, die einen Ausweg aus dem Dilemma weist. Auf welcher gedanklichen Basis wäre eine solche Didaktik zu entwickeln und welche Gestalt könnte sie annehmen?

Die intensive Beschäftigung mit der Theorie und theatralen Praxis des Fragments, ausgelöst durch die Lektüre von Roland Barthes ›Fragmente einer Sprache der Liebe‹, schien einen Weg zu weisen. Barthes Text kann der Rezipient »nach Maßgabe seiner eigenen Geschichte« ausfüllen, denn »es gibt Pausen, Leerstellen, manche Figuren schlagen plötzlich eine andere Richtung ein« (Barthes 1984: 16 f.). Barthes montiert ein Textgewebe, hervorgegangen aus systematischer wie auch aus Gelegenheitslektüre und aus »der Unterhaltung mit Freunden« (Barthes 1984: 21 f.). Er gestaltet so ein Bezugsfeld aus kollektivem Nachdenken und Wissen, das durch seine bewusst fragmentarische Form in jedem Leser unterschiedliche Gestalt annimmt, da es sich an das je eigene Wissen und an die je eigene

3 Mit dabei waren Christina Hoffmann-Möller, Gerd Koch, Marianne Streisand, Ulrike Hentschel, Volker Jurké. Auch Ulrike Hentschel hat jüngst einen Weg gefunden, eine Didaktik zu veröffentlichen. Sie versammelt dafür Beiträge der Lehrenden im Masterstudiengang *Theaterpädagogik* an der *Universität der Künste Berlin*. (vgl. Hentschel 2016).

Erfahrung anzuknüpfen vermag. Eine entsprechende Absicht kennzeichnet den Titel ›K_eine Didaktik der Performativen Künste‹. Er enthält die Aufforderung zu einem Dialog zwischen eigener und fremder Erfahrung, zwischen Wissen und Nichtwissen, kritisch-aneignender Lektüre und forschender Praxis in den Performativen Künsten.

Der Theaterwissenschaftler Gerald Siegmund ordnet dem Theater das Fragment als genuinen Bestandteil zu. Geteilt wird eine Erfahrung in einem gemeinsamen, bedeutungsoffenen Raum. In diesem Erfahrungsraum können vorherrschende symbolische Ordnungen durchkreuzt werden, was ihn zu einem Möglichkeitsraum werden lässt. »Somit steht das Fragment oder die Kunst, was hier das gleiche ist, für eine Öffnung auf etwas noch nicht Formuliertes, noch nicht Sagbares, für die Potentialität einer Handlung.« (Siegmund 2009: 16). Der Bezug auf das Fragment weist den Zuschauern – im Falle der Didaktik den Lesern – eine aktive, bedeutungsgenerierende Funktion zu.

Die Eigenschaft der Kunstform Theater, Fragment zu sein, Offenheit und Potenzialität zu besitzen, birgt in sich einen Bestandteil zeitgenössischer Existenz. Wir leben in einer überaus komplexen und in sich widersprüchlichen Welt, in der das Subjekt selbst als fragmentarisches gedacht werden muss. Gerade deshalb ist es in der Lage, sich »auf die Welt hin (zu) öffnen« (ebd.). Eine künstlerisch verstandene Pädagogik bezieht sich auf ein solches offenes Subjekt-, Kunst- und Weltverständnis. Sie enthält das Potenzial zu changieren und zu oszillieren, mehrperspektivisch und komplex zu sein, Widersprüche in sich aufzunehmen und anstelle eines *Entweder-oder* Übergänge zwischen *Welten*, zwischen verschiedenen Erfahrungs- und Lebensräumen zu thematisieren und zu generieren, kurzum: vielstimmig zu sein.

Das Fragmentarische wird in dieser Didaktik durch die Denk- und Handlungsfigur des Übergangs ergänzt. Diese Denkfigur ermöglicht es, unterschiedliche Bereiche des kulturellen Lebens wie Kunst oder Pädagogik in ihrer jeweiligen Spezifik zu begreifen, dabei aber die Verflechtungen zwischen ihnen, die Überschneidungen, Analogien und Gemeinsamkeiten aufzusuchen. In der Denkfigur des Übergangs sind die im Fragment enthaltene Unabgeschlossenheit und Offenheit aufgehoben. Diese können zu einer produktiven *Unordentlichkeit* im Nachdenken über Kunst und Pädagogik führen, in deren Folge sich neue pädagogische wie künstlerische Wege erschließen lassen. Wenn ich die Qualität des Übergangs als *Handlungsfigur* betone, so geht es mir darum, die in einer Familienähnlichkeit zusammenlaufenden Fäden von Kunst wie Pädagogik aufzunehmen[4] und zu zeigen, wie das Feld aktiv ausgeschritten werden kann. Damit geht es auch um eine Würdigung der Akteure, die in diesem *Dazwischen* handeln, neue Gangarten entwickeln und Wege finden.

Es ist möglich, sich das vorliegende Buch in einer linearen Lesart anzueignen. Es ist aber auch möglich, quer einzusteigen, punktuell zu lesen, das Bedeutungsnetz selbst zu entwickeln. Dafür findet sich im Anschluss an die Einleitung ein alphabetisch geordnetes Inhaltsverzeichnis aller Überschriften dieses Buches, die, egal ob sie zentrale Kapitel oder Unterabschnitte bezeichnen, die gleiche Gewichtung erfahren. Sie können als Fragmente einer künstlerisch-pädagogischen Praxis wie Theorie gelesen und angeeignet werden.

4 Der Philosoph Wolfgang Welsch sieht die Pointe von Wittgensteins Verweis auf Familienähnlichkeit darin, dass »der Zusammenhang des Ganzen gar nicht verlangt, daß die Mitglieder auch nur irgendein Element gemeinsam hätten, sondern dasß es völlig genügt, wenn sie von Fall zu Fall Überschneidungen aufweisen.« Er zitiert Wittgenstein im Original: »die Stärke des Fadens liegt nicht darin, daß irgendeine Faser durch seine ganze Länge läuft, sondern darin, daß viele Fasern einander übergreifen«. (Welsch 1996: 538).

3. Denkformen und Lesarten – Der Buchaufbau

Dass ich mich der Schwierigkeit, eine Didaktik der Performativen Künste zu schreiben, dann doch gestellt habe, resultiert aus einer gewissen Lust am Risiko. Diese Lust habe ich bei zahlreichen Akteur*innen und in vielen Arbeiten auf der Schnittstelle von Kunst und Pädagogik sehen können – und sie hat mich angesteckt. Die Dringlichkeit, mit der ich an diesem Buch gearbeitet habe, entspringt aber auch der Beobachtung von Unsicherheiten in diesem Handlungsfeld. Es entstehen hier noch immer Arbeiten, die einem veralteten Bild von theatraler Professionalität anhängen, in denen Amateure einem Selbstverständnis folgen oder folgen sollen, das sich an Berufsbildern orientiert, die eine jahrelange Ausbildung zur Voraussetzung haben, oder die das Risiko künstlerischer Findungsprozesse gänzlich scheuen und dies mit pädagogischen oder institutionellen Notwendigkeiten begründen. Mein Buch folgt also einer Euphorie ebenso wie einem Zweifel. Seine Form ist hiervon geprägt.

Das grundlegende Kapitel II beschreibt unter dem Stichwort STARTING POINTS den Denkrahmen, in dem sich die Positionen dieser Didaktik entwickelt haben. Hier ist mit der Bezugnahme auf die 4 R'S RISK, RULES, REALITY und RHYTHM des Kollektivs GOB SQUAD, in denen sie ihre Performances entwickeln und zeigen, Praxiswissen zum Ausgangspunkt gemacht worden (vgl. Gob Squad 2010). Die Verabredungen von GOB SQUAD, ihre künstlerischen Positionen, Haltungen und Handlungen unter der Voraussetzung eines Risikos (RISK), unter der Bedingung von Handlungsverabredungen (RULES), unter Einbezug sozialer Wirklichkeit (REALITY) und in einem kontinuierlichen künstlerischen Bezug (RHYTHM) zu entfalten, bieten mir eine Basis, Pädagogik von den Performativen Künsten aus zu denken sowie einen entsprechenden Praxisraum zu beschreiben, zu begründen und zu eröffnen.

Im III. Kapitel des Buches stehen Aufführungsanalysen beispielhafter Arbeiten. Diese sind beispielhaft, weil sie auf zentrale Fragen der pädagogischen Arbeit ganz selbstverständlich scheinende Antworten geben. Dies sind Fragen nach dem Theaterverständnis, dem Menschenbild, hier gefasst als Subjektverständnis, und der sozialen Relevanz. Keine dieser Arbeiten ist entstanden, um Antworten auf pädagogische Fragen zu geben. Es sind aber im Handeln Wege gefunden worden, mit grundlegenden pädagogischen Fragen umzugehen, ohne den Bezug auf die

Kunstform zu verlieren. Die Wege sind in den Aufführungen sichtbar geworden und werden in den Analysen herausgestellt. Die Aufführungsanalysen beanspruchen, die jeweiligen Arbeiten in ihrem künstlerischen Eigensinn zu beschreiben, sie werden aber auch hinsichtlich ihrer Haltung zu den aufgeworfenen grundlegenden pädagogischen Fragen reflektiert.[5]

Im IV. Kapitel wird das Handlungsfeld von der Pädagogik aus beleuchtet. Unter Bezugnahme auf Lern-, Raum- und Demokratietheorien werden ›Handlungsräume Performativer Künste‹ reflexiv beschritten und mit Bedeutung gefüllt.

Kapitel III und IV abschließend finden sich jeweils Handlungsvorschläge für künstlerisch-pädagogische Akteure, die sehr unterschiedlichen Charakter besitzen. Im Kapitel III werden unter der Überschrift MEMOS Merksätze formuliert, die auf den Kunst- und Demokratiebezug sowie auf das Changieren zwischen theatraler und außertheatraler Wirklichkeit gerichtet sind und wie Merkzettel funktionieren sollen. Künstlerisch-pädagogische Akteure können sich für eine Arbeit MEMOS auswählen, die sie für sich selbst und eine kommende Projekt für relevant halten. Diese MEMOS, die durch eigene ergänzt werden können, helfen, die Konzentration auf Wesentliches zu halten oder wiederherzustellen. Die SPIELREGELN in Kapitel IV hingegen beanspruchen in ihrer Gesamtheit eine andere Verbindlichkeit und können als Forderungen auch an Akteure in Institutionen, Geldgeber oder politische Entscheidungsträger gelesen werden.

Kapitel V wendet sich in einer Art Fazit noch einmal explizit den ›Künstlerisch-pädagogischen Akteuren in der Handlungsfigur des RHYTHM‹ zu. Für sie ist es geschrieben worden – und ihnen ist es gewidmet.

Kapitel VI ist eine Begriffssammlung für die Praxis. Dieses in mehrerlei Hinsicht in die Zukunft weisende Kapitel formt sich um Begriffe, die in ihrer Bedeutung für künstlerisch-pädagogisches Arbeiten reflektiert, handlungsbezogen gedacht und beschrieben werden. Am Beispiel des Begriffspaares ›Wahrheit und Lüge‹ wird im Buch der Aufbau der sich beständig erweiternden Begriffssammlung vorgestellt. Eine erweiterte Begriffssammlung wird mit Erscheinen des gedruckten Buches online gestellt und kontinuierlich fortgeschrieben. Die Weiterführung ist ganz besonders dem kollektiven Charakter der Performativen Künste verpflichtet, insofern hieran verschiedene Künstler*innen und Pädagog*innen mitschreiben, die mit dem INSTITUT FÜR PERFORMATIVE KÜNSTE UND BILDUNG

5 In der Grundhaltung der Aufführungsanalyse orientiere ich mich an Christel Weiler, die den subjektiven Faktor ebenso betont wie die Struktur, die den individuellen Blick auf eine Aufführung formt (vgl. Weiler 2008: 28 – 41).

der Hochschule für Bildende Künste Braunschweig verbunden sind. Die entsprechende Seite ist im WWW[6] aufzurufen.

Aus einem sich beständig wandelnden Handlungsfeld kommend, auf verschiedene Theorien Bezug nehmend, historische Aspekte aufrufend, für eine zukünftige Praxis denkend, haben sich im Laufe des Schreibens auch Begriffe gewandelt und neue Begriffsfelder eröffnet. Das Buch legt diesen Entwicklungsprozess im Denken und in der Begriffssuche offen. Es soll so ein Raum zur Erprobung und Weiterentwicklung auch der Begrifflichkeiten eröffnet werden.

Unter Akteuren verstehe ich in der Regel alle, die an einem Projekt arbeiten: Künstler, Pädagogen, Amateure. Die Amateure, die an der Generierung von Inhalten und Ausdrucksformen beteiligt sind und diese auf der Bühne vertreten, bezeichne ich als Performer, um ihren entscheidenden Beitrag zu einer Produktion hervorzuheben. Von den Verantwortlichen für ein Projekt spreche ich als künstlerisch-pädagogische Akteure. Diese Formulierung unterstreicht die doppelte Funktion, in der Künstler wie Pädagogen in einem Projekt immer präsent sind, egal, ob sie sich biografisch primär als Lehrer oder Künstler verstehen. Auch die gewählten Begrifflichkeiten sollen deutlich machen, dass die Übergänge zwischen Kunst und Pädagogik als veränderbare, immer wieder neu zu denkende künstlerisch-pädagogische Haltungen reflektiert werden müssen.

Im Bemühen um eine gendergerechte, dabei gut lesbare Sprache verwende ich das * da, wo sich hinter verallgemeinernden Formulierungen konkrete Akteur*innen verbergen.

6 Die Liste ist unter folgender Adresse verfügbar: www.dorotheahilliger.de/performative-kuenste_liste.html

Danksagung

Ein besonderer Dank ist an die Studierenden und die Lehrenden am Institut für Performative Künste und Bildung gerichtet, die mit ihrem Tun und Denken dieses Buch geprägt und nachhaltig bereichert haben.

Für zahlreiche Gespräche und ebenso geduldiges wie hartnäckiges Korrekturlesen danke ich Gerd Koch, Jakob Ache, Mijke Harmsen und Silvia Marx.

Für die Gestaltung und das immer wieder neue Nachdenken über eine Form, die aufmerksames wie auch lustvolles Lesen ermöglicht und dabei Raum lässt für die Verschriftlichung spontaner Assoziationen und weiterführender Gedanken danke ich Nina Petri.

Lisa Haucke hat den Entstehungsprozess des Buches über einen langen Zeitraum in verschiedenen Funktionen mit außerordentlicher Sorgfalt, Gedanken- und Ideenreichtum begleitet.

Meine Familie hat mich in vielerlei Hinsicht unterstützt und ist lange währender Absenz mit großem Verständnis begegnet. Auch hierfür Dank.

Alphabetisches Inhaltsverzeichnis

II. Starting Points für eine Didaktik der Performativen Künste

Der Begriff Starting Point ist in der Erarbeitungsform der Devising Performance beheimatet. Die Devising Performance ist seit den 60er-/70er-Jahren des 20. Jahrhunderts als eine kollektive, demokratisch orientierte Arbeitsform entwickelt worden, auf deren Basis Theaterereignisse *ersonnen*, *erfunden*, *ausgedacht*[1] werden, und zwar jenseits der theatralen Umsetzung einer dramatischen Textvorlage (vgl. Hartmann 2009: 111–139).

Als Starting Point wird das Ausgangsmaterial für eine performative künstlerische Arbeit bezeichnet, das aus Musik, einer Bewegung, einem Bild, biografischem Material, einem Ort, einem Thema oder auch einem Text bestehen kann. Von hier aus wird recherchiert, improvisiert, experimentiert und auf diese Weise Material generiert, welches in einem Strukturierungsprozess verdichtet und in eine dramaturgische Form gebracht wird.

Wenn von Starting Points für eine Didaktik der Performativen Künste die Rede ist, so soll nicht nur die theaterpädagogische Praxis, sondern auch die Theorie als eine nicht abschließbare, offene Suchbewegung gekennzeichnet werden. Eine solche Theorieentwicklung braucht benennbare Ausgangspunkte, die den Charakter der Suchbewegung begründen und es ermöglichen, in eine Struktur, in eine Dramaturgie zu finden, aus der sich wiederum ein Nachdenken und (neue) Praxisformen entwickeln lassen. Diese Ausgangspunkte sollen im Folgenden vorgestellt werden.

1 Vgl. http://dictionary.cambridge.org/dictionary/english-german/devise (eingesehen am 28. 02. 2017).

1. Theater als Kunstform des Übergangs

Die in diesem Buch entwickelten theaterpädagogischen Positionen beziehen sich auf die Übergangsfähigkeit der Kunstform Theater. Diese steht heute in überaus lebendigen Austauschbeziehungen zu ihrem sozialen Umfeld, überspringt Grenzen in ihren Themen und Orten, bezieht künstlerisches Potenzial auch aus der Begegnung mit Menschen, denen künstlerische Weltsichten eher fremd sind – und macht glücklicherweise auch vor Fragen und Institutionen der Pädagogik nicht halt.

Von dieser Qualität ausgehend, suche ich die Entwürfe, das Gestaltungspotenzial und die Handlungsfiguren der Performativen Künste auf, insbesondere da, wo sie sich auf die Pädagogik beziehen. Somit wird in der Kenntnisnahme einer Differenz zwischen Kunst und Pädagogik die Behauptung verschiedener, in sich geschlossener Zielsetzungen und Handlungslogiken zurückgewiesen. Eine derartige disziplinäre Trennung geht nicht selten mit Wertungen von richtig oder falsch einher, während Erkenntnisse eher in dem sich bewegenden und beweglichen Dazwischen zu suchen sind.

Wird von der Übergangsfähigkeit der Kunstform Theater ausgegangen, so richtet sich der Blick zunächst auf das Innere, auf ihre Spielarten und Ausdrucksformen. Als beispielhaft ist das seit Bertolt Brechts epischem Theater vielfältig erprobte Changieren zwischen Spieler und Figur anzusehen. Ebenso das seit der klassischen Moderne immer wieder neu konzipierte Zusammenspiel der Künste, in dem mal der Raum, mal die Bewegung, mal der Klang oder die Sprache primär gesetzt oder eine Gleichwertigkeit der theatralen Mittel angestrebt wurde. Theaterräume konnten so immer wieder überraschend anders gedacht und neue Wahrnehmungsmodi provoziert werden.

Die Theaterkunst steht zudem in einem Austausch mit anderen Kunstformen, sichtbar nicht nur daran, dass *theaterfremde* Künstler dem Theater immer wieder neue Impulse geben konnten. Auch zwischen Institutionen wie Museen und Theatern lassen sich heute Übergänge finden. Chris Dercon, ab 2017 neuer Leiter der Volksbühne Berlin und zuvor Leiter der Tate Modern in London, behauptet gar: »Die anderen Künste entwickeln sich immer mehr zur darstellenden Kunst hin.« (Häntzschel 2015: 17).[2]

2 Vgl. http://www.sueddeutsche.de/kultur/chris-dercon-theatermacher-1.2451559 (eingesehen am 28.02.2017).

Von den Veränderungen der Kunstformen blieb die Institution Theater nie unberührt. Mit der klassischen Avantgarde beispielsweise entstanden neben den traditionellen Bühnen Festspielhäuser und Kunststätten in der freien Natur.[3] Die Dadaisten bespielten Clubs und Cafés.[4] Mit dem BAUHAUS rückte eine experimentelle Theaterbühne in den Mittelpunkt einer Kunsthochschule.[5] Die OFF-OFF-BROADWAY-BEWEGUNG der 50er-Jahre, getragen von jungen Theaterleuten und Gruppen, die sich der Kommerzialisierung ihrer Kunst widersetzten, trägt die Entfernung von traditionellen Strukturen im Namen. In der Folge entwickelte sich in Nordamerika wie in Mitteleuropa eine Theaterszene außerhalb des institutionalisierten Betriebs.

In jüngerer Zeit besonders bemerkenswert ist der Übergang zwischen Stadt- und Staatstheatern sowie der freien Theaterszene. Feste Theaterhäuser öffnen sich für Künstler und Performancegruppen aus der freien Szene und verändern auf diese Weise ihr künstlerisches Erscheinungsbild und ihre Struktur.[6] Kirsten Hehmeyer und Matthias Pees konstatierte schon 2012, der Gegensatz von freier Szene und festen Häusern sei obsolet geworden: »Die ästhetischen Grenzen sind durchlässiger geworden. Die Frage nach dem Wo und Wie der Produktion, der Recherchen, Proben und Aufführungen ist mittlerweile eine fallweise, keine Grundsatzfrage mehr oder gar ein ideologisches Problem.« (Hehmeyer/Pees 2012: 6).

Ein Blick in die Gegenwart und Geschichte des Theaters macht also überaus deutlich, dass das Theater als *die* Kunstform des Übergangs charakterisiert werden kann, was sie durchlässig macht gegenüber neu auftauchenden Phänomenen in benachbarten Kunstformen wie auch gegenüber dem sozialen Umfeld.

Aus seiner Übergangsfähigkeit kann das Theater ganz offenbar Potenzial zur künstlerischen Entwicklung wie auch zur Veränderung der Institution beziehen.

3 Beispielhaft sichtbar im Festspielhaus der *Gartenstadt Hellerau* und der Künstlersiedlung am *Monte Verità*.

4 Im 1916 gegründeten *Cabaret Voltaire* in Zürich beispielsweise trafen sich die Dadaisten um Hugo Ball und Emmy Hennings, um mit den Ausdruckstänzern Rudolf von Labans ein abendliches Programm zu gestalten. Nur kurz darauf wurde von Raoul Hausmann in Berlin 1918 der *Club Dada* gegründet, welchem neben bildendenden Künstlern wie Georges Grosz, Hannah Höch und John Heartfield auch der Theaterregisseur Erwin Piscator angehörte. So fand ein reger Austausch zwischen den Kunstformen statt; vgl. http://www.art-magazin.de/kunst/kunstgeschichte/14157-rtkl-die-geschichte-des-dadaismus-tanz-den-dada (eingesehen am 28.02.2017).

5 Vgl. hierzu die Federzeichnung von Paul Klee aus dem Jahr 1922: *Idee und Struktur des staatlichen Bauhauses*. Privatbesitz Berlin (Wingler 2005: 10).

6 Unterstützt wird diese Entwicklung durch das *Doppelpass-Fonds* der *Kulturstiftung des Bundes*. Es werden gezielt Kooperationsprojekte zwischen freien Gruppen und festen Tanz- und Theaterhäusern gefördert, um dadurch Künstlern beider Seiten den Freiraum zu eröffnen, ihre Strukturen und Arbeitsweisen produktiv zu verbinden, einander gleichberechtigt zu begegnen und so neue Formen und Formate zu generieren; vgl. http://www.kulturstiftung-des-bundes.de/cms/de/programme/doppelpass/ (eingesehen am 28.02.2017).

Beide Aspekte treffen sich heute in besonderer Weise im Zusammenspiel von Kunst und Pädagogik. An Spielstätten jedweder Art erproben und erforschen Pädagogen, Künstler, Kunstvermittler, Kunstagenten und andere Akteure mit Amateuren die Übergänge, diskutieren und reflektieren ihre Erfahrungen und erweitern beständig ihr Handlungsfeld. Und dies nicht nur an Orten, die sich erklärtermaßen dem Prinzip des Übergangs verpflichtet fühlen, wie beispielsweise das Berliner Theater HEBBEL AM UFER (HAU), die MÜNCHNER KAMMERSPIELE oder das TANZHAUS NRW, jeweils in Kontakt mit Schulen aller Art. Hier findet ein lebendiger, manchmal chaotischer, bisweilen frustrierender, oftmals beglückender, immer wichtiger Austausch zwischen Akteuren und Institutionen statt, in dem neue Formen von Kunst wie auch von Pädagogik entstehen. Fast überall, wo heute in pädagogischen Zusammenhängen Theater gespielt und gezeigt wird, werden neue Denk-, Ausdrucks- und Arbeitsweisen im Zwischenfeld gesucht. Im Jonglieren, Changieren, Oszillieren (Hilliger 2015: 4–8), im Erproben, Verwerfen, Scheitern, neu Probieren haben die Akteure seit Jahren schon vielfältige Entwicklungen durchlaufen, Erfahrungen sammeln und Erkenntnisse gewinnen können.

Eine Unvereinbarkeit von Kunst und Pädagogik zu behaupten, beide womöglich gegeneinander auszuspielen, wie es noch immer passiert,[7] ist obsolet. Entsprechende Äußerungen sind entweder als strukturkonservativ einzustufen oder als Verbandspolitik zur Durchsetzung von Partikularinteressen.

Zukunftsweisender ist die Frage, ob und wie die Performativen Künste eine auf Pädagogik wie auch auf die Institution Schule bezogene Übergangsfähigkeit ausloten und hiermit eine Sprengkraft gegenüber überkommenen Lehrformen und Arbeitsweisen entwickeln konnten und können.

7 So bezog während einer Podiumsdiskussion zum Thema *Nachhaltigkeit in der kulturellen Bildung* der Geschäftsführer des *Deutschen Kulturrats*, Olaf Zimmermann, vehement Position gegen das Bundesland Niedersachsen, das seinen Kunst- und Kulturinstitutionen vorschreibe, Teile ihres Etats für Kulturvermittlung auszugeben. Dieses Geld ginge der Kunst verloren. Kunstvermittlung wird hier vollständig außerhalb von Kunst angesiedelt und damit zu eng gedacht; vgl. *WDR 3 Forum: Nachhaltigkeit in der kulturellen Bildung* am 22.03.2015.

2. Theater in der Schule als Ort experimenteller Austauschbeziehungen

In welcher Weise die Performativen Künste Einfluss auch auf Schulentwicklung genommen haben, lässt sich trefflich erörtern mit Blick auf die noch kurze Geschichte des Schulfaches Theater.[8]

Der Startschuss für Theater in der Schule als *Fach*, wie es heute in fast jedem Bundesland existiert, fiel in den alten Bundesländern.[9] Es formierte sich von Beginn an parallel, in Anlehnung und im Übergang zur freien Szene. Die freie Szene wie auch Theater in der Schule, zunächst in Form von Schulspiel, Darstellendem Spiel oder pädagogischem Rollenspiel, waren Bestandteile der Demokratisierungsprozesse nach 1968. In deren Folge gab es den Modellversuch Künstler und Schule (MOKS) als Arbeitsförderung für Schauspieler und andere Künstler.[10] Das erste Schultheater der Länder, 1985 in Hamburg angesiedelt, versammelte Stücke und Diskussionen unter dem Titel ›Schultheater und Freies Theater‹ (vgl. Theater in der Schule 2000: 205–218). In den ersten Jahren des Festivals wurde immer auch ein Stück einer freien Gruppe eingeladen und diskutiert.

Das Selbstverständnis der Pioniere des Schultheaters war von diesen Austauschbeziehungen geprägt. Als beispielhaft wurden nicht zuletzt die in den freien Gruppen entwickelten Arbeitsformen angesehen.

In der freien Szene wurde seit den 60er-Jahren des 20. Jahrhunderts in einer expliziten Abkehr vom hierarchisch strukturierten Stadt- und Staatstheater nach Arbeitsweisen gesucht, die das Potenzial einer Gruppe auszuschöpfen vermochten.

8 Bereits 2008 sprach sich Gunter Mieruch für die Umbenennung des Schulfaches *Darstellendes Spiel* in Theater aus, um die Gleichwertigkeit des Faches neben Musik und Kunst zu sichern. Er erläuterte die durch die Bezeichnung *Darstellendes Spiel* provozierten Missverständnisse und wies auf die Entstehungsgeschichte hin: In den 1970er-Jahren wurde Amateurtheaterarbeit in soziokulturellen und pädagogischen Zusammenhängen und nicht als Teil des professionellen Theaters gesehen. Diese Grenzziehung ist heute obsolet, nicht zuletzt, weil professionelle Theatermacher zunehmend sowohl mit Profis als auch mit Amateuren arbeiten. Das Selbstverständnis des Faches in der Arbeit mit Amateuren ist heute gleichwertig neben anderen Formen künstlerischer Praxis zu denken (Mieruch 2008: 28).

9 Wenngleich es in der DDR eine große Tradition des Theaterspielens mit Kindern gab, das von einer der Pionierinnen, Christel Hofmann, stets als Kunstereignis verstanden wurde; vgl. hierzu Hoffmann, Christel/Israel, Annett (Hg.): *Theater spielen mit Kindern und Jugendlichen. Konzepte, Methoden, Übungen.* Weinheim/München 1999.

10 Vgl. zu dem Modellversuch und seiner Weiterführung in Bremen Bleyl, Henning: *Das Moks. Metamorphosen und Häutungen eines ›Modellversuchs‹ mit Künstlern und Schülern.* In: Schneider, Wolfgang (Hg.): *Theater und Schule. Ein Handbuch zur kulturellen Bildung.* Bielefeld 2009, S. 205–218.

Gleichzeitig wurden Ausdrucksformen entwickelt, die den kollektiven Charakter der Erarbeitung auch ästhetisch sichtbar machen konnten. Selbstbestimmtes künstlerisches Arbeiten aller am Prozess Beteiligter war und ist das Ziel dieser Gruppen. Wie deren Akteure hatten auch die Pioniere des Schulfaches DARSTELLENDES SPIEL den Anspruch, an den Interessen der jeweiligen Gruppe anzusetzen, und zwar in den Inhalten wie in der Arbeitsform.[11] Im Rahmen des institutionellen Zusammenhangs Schule jedoch sind die Grenzen eng gesteckt.

Wenn auch die freie Szene selbstverständlich nie frei von Zwängen war, so konnten sich doch außerhalb fester institutioneller Strukturen, Vorgaben und Vorschriften in einem selbst geschaffenen Freiraum neue Handlungsformen entwickeln, die bis heute beispielhaft auch für die Theaterpädagogik sind. Ein institutioneller (Frei-)Raum in Form von Zeit, bespielbaren Räumen und einer intensiven Auseinandersetzung mit hier entwickelten pädagogischen Handlungsformen fehlt an Schulen aber in der Regel.

Gerade wegen der kollektiv orientierten Arbeitsweisen und den auf dieser Basis möglichen pädagogischen (Neu-)Verhandlungen gehört Theaterarbeit jedoch unbedingt an Schulen und sollte sie nachhaltig prägen. Wenn auch die Bedingungen einer Institution, die Bildung für die junge Generation organisiert und verwaltet, mit einer freien Szene nicht vergleichbar sind, so bleiben Theaterprojekte an Schulen doch oftmals unnötig eng eingebunden in die Routine der Institution. Hier können sie ihre pädagogische wie auch künstlerische Kraft nur bruchstückhaft entfalten. Zudem führt Theater an vielen Schulen noch immer ein vom übrigen Betrieb abgesondertes Eigenleben, was sich auch darin zeigt, dass es mit Ausnahme von Hamburg nicht fest zur Stundentafel gehört. Es fehlt dann der Übergang, der Austausch zwischen Akteuren, ihren pädagogischen Erfahrungen und Haltungen, den künstlerischen Ergebnissen und der Institution.

Bemerkenswerterweise werden die institutionellen Grenzen da gelockert, wo pädagogisch sonst scheinbar nichts mehr geht: in den sogenannten Problemschulen.[12] Hier wird auf das Potenzial der künstlerischen Fächer gesetzt. Was dies über unser Bildungssystem aussagt, soll hier nicht weiter diskutiert werden. Erstaunlich ist, dass sich damit der Kreis zu den Anfängen des Schulfaches

11 Josef Elias schrieb bereits im Jahre 1978: »So findet man im Klassenverband gemeinsame Anliegen, sondiert diese nach Dringlichkeiten und forscht im gewählten Problembereich nach menschlichen, sozialen, umweltbezogenen und literarischen Bezugspunkten.« (vgl. Hitzkirch 1978: 6).

12 Das Beispiel der *Rütlischule* ist weit über die Grenzen Berlins bekannt; vgl. z. B. http://www.spiegel.de/lebenundlernen/schule/ehemalige-ruetli-schule-vom-schlachtfeld-zum-bildungsidyll-a-724761.html (eingesehen am 16. 04. 2017).

Darstellendes Spiel/Theater insofern schließt, als nicht selten freischaffende Künstler, oftmals aus Performancegruppen, für Projekte an diese Schulen geholt werden. Deren künstlerische Qualifikation steht nicht selten in Verbindung mit kollektiven Arbeitszusammenhängen und den entsprechenden Arbeitsformen.

Pädagogisch erfolgsversprechend scheint ein anderes Verhältnis von Lehren und Lernen zu sein sowie die Projektorientierung mit dem Ziel eines gemeinsamen Ergebnisses, das Eingang in die (Schul-)Öffentlichkeit findet. Institutionelles Entwicklungspotenzial haben solche Vorhaben, wenn sie in die Schule so eingebunden sind, dass experimentelle Austauschbeziehungen und Querverbindungen zwischen Kunst und Pädagogik auch längerfristig gewagt werden können.

An entsprechenden Impulsen sowohl aus dem Fach heraus wie auch von künstlerischen Akteuren und Institutionen, die auf die Schulen zugehen, mangelt es heutzutage nicht.[13] Die pädagogische Relevanz, die ein Schulfach Theater in Bildungszusammenhängen entwickeln kann, wird aber bislang nur von wenigen Schulen wahr- und aufgenommen. Im Zwischenfeld von Kunst und Pädagogik wird zum Teil äußerst erfolgreich gearbeitet und experimentiert, doch muss dieses Praxisfeld als eines der Institution Schule – durchaus in Kooperation mit anderen Bildungseinrichtungen – verstärkt ins Blickfeld rücken, damit von hier aus auch Entwicklungsimpulse für die Institution ausgehen können.

Ein Stück Orientierung gibt der Blick auf das eine oder andere Stadt- und Staatstheater. Hier wurden die theaterpädagogischen Abteilungen in der Anfangszeit nicht etwa als künstlerische betrachtet, was sie zu einem Teil der (Stück-)Dramaturgie gemacht hätte, sondern sie wurden der Öffentlichkeitsarbeit zugeordnet. Damit waren sie primär zuständig für die Gewinnung neuer Zuschauergruppen – oder zur Vermittlung experimenteller künstlerischer Ansätze an ein Abonnementpublikum auf jeden Fall sollten sie zur Erhöhung der Auslastungszahlen beitragen. Dies hat sich, wenn auch nicht an allen, so doch an vielen Häusern inzwischen grundlegend geändert (vgl. Pinkert 2014). Neben dem Alltagsgeschäft der Vermittlung gibt es junge Sparten, Community-Projekte oder Bürgerbühnen, wo

13 Ein wesentlicher Impuls für die Entwicklung von Kooperationen zwischen Schulen und Theatern ging von den seit 1998 bestehenden *TUSCH* Partnerschaften (Theater und Schule) aus; vgl. http://www.tusch-berlin.de/entstehungsgeschichte/ (eingesehen am 28.02.2017). Als ein Beispiel dafür, dass durch *TUSCH* angestiftete Partnerschaften auch langfristig Resultate im Bereich von Schulentwicklung verzeichnen können, ist die *Hector-Peterson-Schule* in Berlin-Kreuzberg zu nennen. Befördert durch die Zusammenarbeit mit dem Theater *Hebbel am Ufer (HAU)*, hat sich die Schule auf den Weg zur Kulturschule begeben. Beteiligte Akteure sind Lehrer*innen, Dramaturg*innen und Künstler*innen sowie eine Kulturagentin, die auf der Schnittstelle zwischen Kunstinstitutionen und Schulen arbeitet (vgl. Schlagenwerth 2016).

mit Amateuren künstlerisch gearbeitet wird. Dies verlangt neue Begegnungs- und Arbeitsformen, fordert alle Abteilungen heraus und verändert das ästhetische Erscheinungsbild eines Hauses. Profitieren tun solche Projekte von dem Status der Häuser, an denen schon per Definition Kunst gemacht wird.

Mit dieser Publikation wird nicht nur dafür plädiert, den schulischen Raum stärker den Performativen Künsten zu öffnen, sondern, hiervon ausgehend, in diverse Austauschbeziehungen zu treten und den einen oder anderen Raum zwischen Kunst und Pädagogik auch in der Institution neu zu denken und handelnd zu erproben. Dabei sind es nicht zuletzt die sich ergebenden offenen Fragen, die als STARTING POINTS für diese Didaktik angesehen werden.

3. Fragen an eine Didaktik der Performativen Künste

Wie können und sollen neu entwickelte Arbeitsformen zwischen Kunst und Pädagogik Einfluss haben auf Formen des schulischen Lehrens und Lernens insgesamt?

Werden künstlerische Verfahren auf diese Weise für kunstfernen Kompetenzerwerb funktionalisiert? Können die Arbeitsformen ihren Eigensinn bewahren, wenn sie sich nicht mehr in einem vom Gesamtbetrieb abgeschotteten Bereich, möglicherweise sogar im heimlichen Widerstand gegen die Institution entwickeln?

Eignen sich künstlerische Projekte als Vorzeigemodelle oder verlieren sie mit zunehmender Bedeutung für Bildungsinstitutionen ihren Stachel?

Macht nicht der pädagogische Zusammenhang einen Vorsprung an Wissen und Erfahrung der Verantwortlichen nötig, durch den Inhalte und Formen bereits vorstrukturiert sind, auch wenn explizit an den Interessen einer Gruppe angesetzt werden soll?

Ist es in einer Konstellation von Ungleichheit überhaupt möglich und wünschenswert, an den Anliegen einer Gruppe anzusetzen?

Und gibt es überhaupt *das* Anliegen einer Gruppe? Wie findet man es heraus und wie verhandelt man es als Theaterlehrer?

Bedeutet das Ansetzen an Interessen von Jugendlichen nicht ein Eindringen in eine Sphäre, in der sich Eigenes in der Abgrenzung entwickeln muss?

Findet in der künstlerischen Bezugnahme auf Widerfahrnisse des Lebens und hier erworbenes Wissen nicht eine Funktionalisierung biografischer Erfahrungen statt?

Und wenn man sich vom Biografischen entfernt und sich auf Literatur bezieht, sind dann nicht gelernte Schauspieler die angebrachteren Akteure?

Die Liste an Fragen, die auch in Fachgesprächen immer wieder auftauchen, ließe sich noch deutlich erweitern. Nicht auf alle Fragen wird sich auf der Basis dieses Buches eine eindeutige Antwort finden lassen. Eine Didaktik der Performativen Künste zu entwickeln, sehe ich dennoch als möglich an. Doch gibt es aus meiner Perspektive nicht die *eine* Didaktik, worauf auch der Buchtitel verweist. Indem die Nähe zur Kunst primär gesetzt wird, behalten die pädagogischen Schlussfolgerungen und Hinweise einen bewusst offenen Charakter.

Diese Offenheit entspricht meiner Überzeugung, dass fernab von ideologisch motivierten Grundsätzen über das (Un-)Verhältnis von Kunst und Pädagogik immer wieder neu nachgedacht, diskutiert und auch gestritten werden muss.

Der Ausgangspunkt, den ich dafür zugrunde lege, ist die Überzeugung, dass die Entwicklung von subjektiv bestimmten, radikalen, zugespitzten, sprich künstlerischen Positionen auch in pädagogischen Zusammenhängen möglich und wünschenswert ist. Ich glaube nicht, dass eine Didaktik der Performativen Künste die Subjekt- und Kunstbezüge aufgeben muss, um Handlungsorientierungen geben zu können.

Getragen ist die vorliegende Publikation von einem Kunstverständnis, das künstlerisches Arbeiten nicht einem autonomen Bereich zuordnet. Kunst wird vielmehr als eine besondere gesellschaftliche Praxis neben anderen begriffen. Zu diesen steht sie durch vielfältige Wechselbeziehungen und Übergänge in einem lebendigen Verhältnis. *Insofern* besitzt Kunst gesellschaftliche Relevanz. Und insofern können hier entwickelte Praxisformen beispielhaft werden für andere gesellschaftliche Bereiche und soziale Kontexte.[14] Ist der Ansatzpunkt einer Didaktik der Performativen Künste die Kunstform selbst, so können deren Besonderheiten bewahrt und hieraus Handlungsvorschläge für pädagogische Zusammenhänge entwickelt werden. Der Rahmen, in dem dies geschieht, soll im Folgenden vorgestellt werden.

14 Diese Zusammenhänge werden in den Kapiteln III.3, *Wie wirklich ist die theatrale Wirklichkeit? Zur sozialen Relevanz von theaterpädagogischen Projekten*, und IV.3, *Handeln im Demokratiebezug Performativer Künste* ausführlich dargelegt.

4. Framing für eine Didaktik der Performativen Künste

Der Begriff des Framing, auf den ich mich hier beziehe, ist ein Arbeitsbegriff von Performancegruppen, die sich seit den 1960er-Jahren im englisch- und deutschsprachigen Raum gebildet haben. Er wird nicht so streng und hermetisch verwendet wie im Deutschen, sondern meint eher einen Deutungsrahmen im Sinn einer basalen Vorstellung.[15] Das Framing, eine von der Theatergruppe gefundene und gesetzte Rahmung, erlaubt die kollektive Entwicklung einer Performance. In der Rahmung, innerhalb derer es eine Reihe von Spielregeln gibt, improvisieren die Spieler, finden Ausdrucksformen, die sie später einem Publikum präsentieren, oder lassen das Spiel im Framing gleich vor den Augen der Zuschauer entstehen. Die Zuschauer bekommen dann kein vorgefertigtes Ergebnis präsentiert, sondern folgen der Enthüllung eines Entstehungsprozesses. Die Durational Performance der Gruppe Forced Entertainment ›And on the Thousandth Night‹[16] beispielsweise, in der die Performer*innen, in Alltagskleidung und zusätzlich mit einem roten Umhang und einer Pappkrone ausgestattet, über einen sie an die Grenze ihrer Improvisationsfähigkeit und damit zu unplanbaren Erzählungen bringenden Zeitraum immer neue Geschichten und Fragmente von Geschichten erfinden, basiert etwa auf einem solchen sparsamen Framing:

1. Das Stück ist für sechs bis acht Performer.

2. Das Publikum kann nach Belieben kommen und gehen.

3. Die Handlung des Stücks besteht aus Texten, die von den Performern auf Stühlen vorne an der Bühne sitzend gesprochen werden.

15 *Framing* ist gleichzusetzen mit *the action of framing*. Damit steht die englische Version in Verbindung mit einem agierenden Subjekt. Eine wörtliche Übersetzung ins Deutsche mit Rahmen griffe zu kurz, da dann der Handlungsaspekt nicht mehr sichtbar wäre; vgl. https://en.oxforddictionaries.com/definition/framing (eingesehen am 28.02.2017).

16 Vgl. https://www.youtube.com/watch?v=SjsrLtpx2EI (eingesehen am 28.02.2017).

4. Jeder Text muss mit »Es war einmal« beginnen und läuft so lange weiter, bis ein anderer Performer »Stopp« sagt, woraufhin dieser Performer einen neuen Text beginnt und so weiter.

5. Die Dauer der Performance beträgt sechs Stunden.

6. Namen von Menschen, Orten oder Kunstwerken dürfen nicht genannt werden.

Robin Arthur, ein Mitglied des Kollektivs, äußert sich zur Wirkungsweise von Framings im Performanceprozess: »Wenn wir Performern einen Rahmen setzen, in dem sie spielen sollen, dann beeinflussen wir von vornherein das Aussehen der endgültigen Performance. Und gleichzeitig überlassen wir ihnen eine Art Raum, eine Leere, die sie mit ihren eigenen Geschichten und ihrer Intelligenz füllen können. (...) Daher liegt für mich die Herausforderung immer darin, einen Rahmen zu finden, der den Performer zwar nicht alleine lässt (ich unterscheide jetzt nicht zwischen jungen Performern und Erwachsenen, zwischen Amateuren und Profis), ihn aber auch nicht einsperrt. Regeln, die das Spiel in einer frei fließenden Weise zulassen, aber auch erlauben, dass alle zusammenspielen.«[17]

Der aus der Performanceszene abgeleitete Ansatz eines Framing ist für diese Didaktik in zweierlei Hinsicht relevant. Zum einen soll das Buch als Rahmen für die Entwicklung jeweils eigener theaterpädagogischer Ansätze funktionieren oder, spezifischer, die Analysen, Positionierungen und Handlungsvorschläge sollen es den Leser*innen ermöglichen, Framings für die eigene künstlerisch-pädagogische Arbeit zu entwickeln. Zum anderen ist aus einem Framing des Performancekollektivs Gob Squad der Rahmen für die Entwicklung der vorliegenden Didaktik gewonnen worden. Dieses Framing wird in seiner Modifikation für die Theaterpädagogik jetzt vorgestellt.

17 Vgl. *Framing im Performanceprozess. Briefwechsel zwischen Dorothea Hilliger und Robin Arthur.* In: Marsch, Karola (Hg. u. a.): *SAGEN WIR WIE. Der Theaterpädagogische Salon. Theater an der Parkaue* 2011, S. 5, und *Was ist ein Rahmen?* Theaterpädagogischer Salon im Theater an der Parkaue vom 02. 07. 2011, 9:30 h unter http://notherenotnow.at/tag/rahmen/ (eingesehen am 10. 03. 2017).

5. Theaterpädagogisch handeln im FRAMING von RISK, RULES, REALITY und RHYTHM

Während einer Lecture Performance zur Eröffnung des INSTITUTS FÜR PERFORMATIVE KÜNSTE UND BILDUNG der HBK BRAUNSCHWEIG[18] erläuterte Sean Patten vom Performancekollektiv GOB SQUAD die Arbeitsweise seiner Künstlergruppe. Er sprach von einem FRAMING, das sich nicht auf eine einzelne Arbeit, sondern auf den Gesamtrahmen für die kollektive Entwicklung von Performances bezieht. Als FRAMING, in dem die Gruppe sich künstlerisch bewegt, hat Sean Patten die vier Eckpunkte RISK, RULES, REALITY und RHYTHM (DIE 4 R'S) benannt.

Diese 4 R's können überaus inspirierend wirken, auch für theaterpädagogische Arbeitsprozesse. Wesentlich für eine solche Übersetzung ist das zugrundeliegende Theaterverständnis. Dieses wird überaus deutlich, wenn man die 4 R's von GOB SQUAD mit den W-Fragen von Konstantin Stanislawski vergleicht. Stanislawski, als zentraler Praktiker und Theoretiker der Schauspielkunst des psychologischen Realismus, hat die für die glaubhafte Entwicklung einer Bühnenfigur relevanten W-Fragen entwickelt, die beispielsweise lauten: *Wer* ist die Figur? *Wo* ist sie? *Was* tut sie dort? *Wo* kommt sie her? Solche Fragen verhelfen dazu, eine Figur in einem perfekten ALS-OB darzustellen. Der Schauspieler agiert mit einer genauen inneren Vorstellung von den Handlungsmotiven seiner Figur (Stanislawski, 1986).

In Abgrenzung zu diesem traditionellen Spielerverständnis, in dem psychologisch motivierte Fragen an eine Figur gestellt werden, stecken die Mitglieder von GOB SQUAD einen Rahmen ab, in dem sie ihre Arbeiten entwickeln. RISK, RULES, REALITY und RHYTHM beziehen sich als das für ein Performancekollektiv gültige FRAMING ganz offensichtlich nicht darauf, eine fiktive Realität kunstvoll aufzuführen. Hier wird vielmehr mit einem eigenen, nach künstlerischen Gesichtspunkten entwickelten Regelsystem auf Wirklichkeit zugegriffen. Indem gängige soziale und gesellschaftliche Praktiken, Verhaltensweisen und Normen

18 Perspektiven, Erfahrungen und Ansprüche der (sich überlagernden) Bereiche von Theater und Bildung wurden in einer Gesprächsrunde mit dem Titel *Theater und Bildung – ein unmoralisches Verhältnis?* diskutiert; mit: Christian Aschenbrenner, Dr. Hannes Böhringer, Martin Clausen, Dr. Dorothea Hilliger, Reinhard Kahl, Matthias Lilienthal, Sean Pattern und Dr. Christel Weiler anlässlich der Eröffnungsveranstaltung des *Instituts für Performative Künste und Bildung* der *Hochschule für Bildende Künste Braunschweig* am 09. 02. 2012.

außer Kraft gesetzt, neu gedacht, anders kombiniert, in überraschender Weise ausgetestet werden u. a. m., wird eine eigene theatrale Wirklichkeit hergestellt, die sich zur sozialen Realität, auf die sie sich bezieht, nicht in einem Verhältnis der Repräsentation, sondern des Übergangs befindet.[19]

Grundlegend für meine Entscheidung, mich an die 4 R's des Performancekollektivs Gob Squad anzulehnen, ist denn auch die in ihrem Framing enthaltene Aufforderung zum Übergang zwischen verschiedenen Realitätsebenen, verschiedenen *Welten*, wenn man es so sagen will. Dieses Framing weist einen Handlungsbezug auf, der sich ausdrücklich auf die Performativen Künste in ihrer sozialen Dimension richtet. Damit konnte es in modifizierter Form für die Entwicklung dieser Didaktik relevant werden. Es dient nicht nur der pointierten Beschreibung eines pädagogischen Handlungsrahmens, sondern soll auch den Prozess der Herstellung von Positionen, Gedanken und Vorschlägen, soll den entwickelten dramaturgischen (Schreib-)Bogen sichtbar machen. Man wird also in diesem Buch in unterschiedlichen Erscheinungsformen immer wieder auf die 4 R's treffen.

Die Performer*innen von Gob Squad sprechen davon, dass ihnen die 4 R's in ihrer künstlerischen Praxis zu einer Struktur verhelfen, die Raum gibt für ein Handeln in formalen Verabredungen, ihnen aber gleichzeitig die Reaktion auf Unvorhergesehenes ermöglicht: »Unsere Hauptarbeit besteht darin, Realität und Form in ein Gleichgewicht zu bringen bzw. Strategien zu entwickeln, um auf Unvorhergesehenes dramaturgisch reagieren zu können. Man kann (…) sagen, wir haben eine Formel mit vier R': Realität, Rhythmus, Regeln und Risiko. Das sind die vier Zutaten. Ob im Theater oder auf der Straße, man muss etwas von allem haben.«[20]

Damit ist eine Funktion des Framings auch für die in diesem Buch entwickelten Handlungsvorschläge benannt: Es wird das Ziel verfolgt, Akteure nicht mit in allen Aspekten fertigen, normativ geprägten Aussagen zu konfrontieren, sondern, wie in regelbasierten künstlerischen Arbeiten auch, ihnen eine Struktur anzubieten, in der sie ihre jeweils unterschiedlichen künstlerischen wie pädagogischen Ziele verfolgen und dabei in der Kommunikation mit einer Gruppe auf Unvorhergesehenes reagieren, mehr noch, dieses gezielt aufsuchen können. Risk, Rules, Reality und Rhythm können dabei als Grundsätze, als Bezugspunkte für eine Haltung funktionieren, anhand derer sich die Praxis von Theaterlehrern,

19 Vgl. hierzu auch Kapitel III.3.2, *Zum Verhältnis von theatraler Handlung und sozialer Wirklichkeit oder: Wie politisch kann, soll und darf die Theaterpädagogik sein?*.

20 *Gob Squad Lesebuch*. Eigenverlag, www.gobsquad.com. Erstausgabe Oktober 2010, S. 31; Regeln meint hier nicht das *Framing* insgesamt, sondern das regelgeleitete Handeln innerhalb einer Performance.

von Künstlern im pädagogischen Feld, immer wieder neu entwerfen, aber auch kontrollieren lässt: Riskiere ich (noch) genug? Sind die Regeln für alle klar und werden sie in Einzelentscheidungen sichtbar?

Für die künstlerisch-pädagogische Praxis sind die 4 R's von Gob Squad in ihrem Charakter als Kontextualisierung von Kunst im Gefüge sozialer Realität (Reality), in ihrem Verzicht auf Wiederholung und Perfektion und mit dem Einbezug von Zufall und Risiko (Risk) sowie als Verabredung, die den Performern eigenständiges, dabei auf die anderen bezogenes (Bühnen-)Handeln in einer für alle gültigen Spielstruktur ermöglicht (Rules), erhalten geblieben. Als Framing zur Entwicklung didaktischer Positionen wurden sie aber dahingehend modifiziert, dass sie als Kunstbezug, Demokratiebezug und Bezug auf außertheatrale Realität gekennzeichnet sind und entsprechend in Erscheinung treten. Rhythm, bei Gob Squad auf die dramaturgische Struktur einer Arbeit bezogen, modifiziere ich zur Denk- und Handlungsfigur des Übergangs, die dieser Didaktik in all ihren Teilen zugrunde liegt.

Die vier Aspekte Kunstbezug, Demokratiebezug, Bezug auf die außertheatrale Realität und die Denkfigur des Übergangs sind die Eckpfeiler im Framing der hier entwickelten didaktischen Positionen. In der vorgeschlagenen theaterpädagogischen Modifikation galten sie als Orientierungspunkte im Schreibprozess und sollen als Leitfaden für die Leser*innen im Folgenden kurz ausgeführt werden.

Risk – Kunstbezug als Risiko

Der eigentliche Sinn künstlerischen Arbeitens liegt auch in einem pädagogischen Zusammenhang darin, Wagnisse einzugehen. Das fordert Theaterlehrer insofern heraus, als sie Erfahrungen und Kenntnisse über theaterpraktisches Arbeiten besitzen, Routinehandeln aber unbedingt vermeiden müssen. Nur dann ist es möglich, das zentrale Wagnis der Ergebnisoffenheit einzugehen, das kollektives künstlerisches Gestalten prägt, pädagogischen Prozessen aber eher fremd ist. Es sollen also nicht von außen gesetzte, fest umrissene Lernziele auf einem auch methodisch schon festgelegten Weg erreicht werden. Im Zentrum steht vielmehr die Herausforderung, mit Amateuren einen künstlerischen Ausdruck zu entwickeln, der zentrale Anliegen der Gruppe verhandelt und deren Positionen und Haltungen sichtbar macht. Das Risiko liegt darin, Theaterarbeit auch im pädagogischen Kontext mit einem unbekannten Gegenstand beginnen zu lassen, der sich erst in der gemeinsamen Arbeit herauskristallisiert und formt (vgl. Hentschel/Hilliger 2016: 121ff.).

Damit sind vorab festgelegte, kunstfremde Zielorientierungen und eine Verzweckung theaterkünstlerischen Arbeitens obsolet, Umwege und Sackgassen wahrscheinlich und Scheitern immer auch möglich.

Rules – Demokratiebezug als Spielregel

Auch unter pädagogischen Vorzeichen geht es um die *kollektive Entwicklung* einer Arbeit. Regeln für eine bestimmte Spielstruktur legen eine Basis für die Erarbeitung, können mögliche Handlungsformen während einer Präsentation festlegen und betreffen Formen der Interaktion mit einem Publikum. In einer theaterpädagogischen Arbeit setzen Regeln aber nicht nur einen Rahmen für Erarbeitung und Präsentation, sondern auch für die Zusammenarbeit unter dem Vorzeichen unterschiedlicher Aufgabenbereiche, Kenntnisse und Funktionen. Auch hier ist das Ziel, alle Akteure im Rahmen ihrer eigenen besonderen Möglichkeiten und Fähigkeiten an Arbeitsprozessen möglichst gleichmäßig zu beteiligen, im besten Fall Funktionen rotieren zu lassen. Pädagogik wird verstanden als Begleitung auf dem Weg zu einem künstlerischen Selbstausdruck. Sie hat damit Teil an der Befähigung zu demokratischem Handeln. Voraussetzung ist, dass die jugendlichen Akteure ihre Ziele selbst entwickeln und formulieren können und die Wege, sich ihnen künstlerisch zu nähern, aktiv beschreiten. Hierfür notwendig ist die Befähigung zu einer differenzierten Beschreibungs- und Reflexionsfähigkeit, Bedingung kultureller Teilhabe in einer demokratischen Gesellschaft.

Bei Lehrenden setzt das Agieren im Rahmen von Performance-Spielregeln ein Wissen um die Arbeitsform der Devising Performance voraus und erfordert entsprechende Fähigkeiten in der Prozessentwicklung und Entscheidungsfindung mit einer Gruppe. Ebenso wesentlich ist eine demokratische Grundhaltung, auf deren Basis pädagogische Entscheidungen reflektiert werden können.

Reality – Realitätsbezug als Teil (theater-)künstlerischen Handelns

Künstlerisches Arbeiten vollzieht sich immer in einem bestimmten gesellschaftlichen Rahmen und bleibt selbst in der Autonomiebehauptung von Kunst auf diesen bezogen.

In irgendeiner Form bezieht sich also jede performative Arbeit auf die außertheatrale Realität. Hier wird ein Theaterverständnis priorisiert, das bewusst mit dem Changieren zwischen verschiedenen Realitätsebenen spielt. Dies betrifft die Darstellungsform, innerhalb derer die jugendlichen Performer im Rahmen einer inszenierten Situation dennoch als solche sichtbar bleiben. Es geht dann nicht um darstellerische Perfektion, sondern um das Spiel mit Möglichkeiten – in der Gestaltung, Darstellung, im Erzählen und Verstehen einer Situation oder Figur usw. Dass fast jede Probensituation für die Theaterlehrer sowieso einen Einbruch des Realen darstellt, wenn beispielsweise Performer nicht auftauchen, gestresst, gelangweilt oder unbändig ausgelassen sind, muss dann nicht im Ergebnis versteckt werden, sondern kann Eingang in die Präsentation finden.[21]

In der vorliegenden Didaktik werden die Erarbeitung und die Präsentation einer Aufführung zudem als Handlungen verstanden, die soziale Realität in unterschiedlichen Facetten und Formen nicht nur thematisieren, sondern auch hervorbringen.[22] Somit gewinnen der Erarbeitungsprozess und der künstlerische Ausdruck Relevanz für die Beteiligten und ihre institutionelle wie soziale Umgebung. In dieser Auffassung wird die Präsentation der Ergebnisse vor einem Publikum als notwendiger Teil des künstlerischen und sozialen Prozesses angesehen.

21 So erschien in der Probenphase der Herbstferien, die das Performancekollektiv *Turbo Pascal* für die Aufführung *Publikumsbeschwörung* mit Schüler*innen verabredet hatte, nur einer von ihnen, was neue szenische Lösungen erforderte – und möglich machte. In dieser Probenzeit wurde eine Szene entwickelt, in der die Performer*innen von *Turbo Pascal* mit auf der Bühne stehen, wodurch ihr Denken und Sprechen über die Schüler*innen Eingang in das Stück finden konnte.

22 Einen veränderten Umgang zeitgenössischer Künstler in Bezug auf institutionelle Rahmungen kristallisiert Dorothea von Hantelmann heraus, indem sie schreibt: »Anstatt, wie die Avantgarden, eine Aufhebung der Trennung zwischen Kunst und Gesellschaft über den Bruch mit den Konventionen der Kunst anzustreben, erkennen sie gerade in jenen Konventionen, die den gesellschaftlichen Umgang mit der Kunst prägen, eine auf das Gesellschaftliche bezogene Handlungsmacht der Kunst. Nicht in der Überwindung (...) wird das Kunstwerk zu einem Gesellschaftlichen, sondern durch diese Konventionen ist es immer schon ein Gesellschaftliches.« (vgl. von Hantelmann 2007: 9).

Rhythm – Rhythmus als Denkfigur des Übergangs

Im Begriff des Rhythmus schließt sich der Kreis zum Kunstbezug, insofern Rhythmus eine Kategorie ist, die für Musik, Theater, Performance, Film und Bildende Kunst gleichermaßen Relevanz besitzt. Rhythmus kann als eine Übergangsfigur in den Künsten bezeichnet werden. Die vorliegende Didaktik bezieht sich denn auch nicht nur auf die Theaterkunst im engeren Sinn, sondern auch auf den Tanz und die Performance Art sowie hybride Formen in ihrem Bezug auf verschiedene Künste.

Ihre eigentliche Relevanz gewinnt die Denkfigur des Übergangs in dieser Didaktik jedoch durch die gleichzeitige und gleichwertige Bezugnahme auf Kunst und Pädagogik. Hieraus lassen sich neue künstlerische wie pädagogische Handlungsmöglichkeiten und Formen erschließen. Die jeden Teil der ›Handlungsfiguren‹[23] abschließenden Memos sollen als individuell zusammenstellbare Handlungsvorschläge Theaterlehrer darin unterstützen, im Übergang zwischen Kunst und Pädagogik ihren je eigenen Rhythmus zu finden.

In der Denkfigur des Übergangs kreuzen sich zudem Kunst-, Demokratie- und Realitätsbezug: Die Thematisierung und Produktion von sozialer Realität vollzieht sich unter dem Vorzeichen künstlerischen Eigensinns. Im konsequenten Demokratiebezug werden Arbeitsweisen entwickelt und realisiert, die subjektbildend wirken können und sich zurücktragen lassen in institutionelle Handlungszusammenhänge.

In den vorherigen Kapiteln wurde das Framing für die gedankliche Entwicklung und den Schreibprozess dieser Didaktik aufgezeigt. Im Folgenden soll es darum gehen, wie Leser*innen den ausgelegten Spuren, den didaktischen, pädagogischen und künstlerischen Fragmenten folgen und diese in ihre eigenen Framings verwandeln können. Dabei wird wiederum auf die Performativen Künste Bezug genommen, dieses Mal auf Rezeptionsformen, wie sie in einer Aufführung angelegt sind.

23 Vgl. Kapitel III., *Handlungsfiguren*.

6. Von den Spuren zur Rezeption eines Theaterstücks

Die Performance mit dem Titel ›Das unmöglich mögliche Haus‹ ist die erste Arbeit des Künstlerkollektivs Forced Entertainment für Kinder.[24] Vor den Augen und Ohren des kindlichen wie erwachsenen Publikums entfaltet sich eine wahrhaft unmögliche Geschichte: »In der überfüllten Bibliothek des unmöglich möglichen Hauses erwacht ein gekritzeltes Mädchen auf einer leeren Seite Papier zum Leben. Sie sucht ihre Nachbarin, eine ebenfalls gezeichnete Spinne, welche nach einem Ausflug nicht mehr wiederkehrte. Durch labyrinthartige Korridore und verlassene Ballsäle begibt sich das Publikum mit ihr auf Entdeckungstour, schaut durch Schlüssellöcher und in verschlossene Schränke: Dort rekelt sich ein altehrwürdiges Gespenst, hier proben Miniatursoldaten ihren Tanz und allerlei andere seltsame Gestalten und Tiere kreuzen den Weg.«[25]

Mehr noch als die Geschichte selbst ist es die Art ihrer Erzählung, die als *unmöglich möglich* erscheint. Die Künstlergruppe Forced Entertainment wählt für ihr erstes Kinderstück einen Erzählmodus, der von den Arbeiten für Erwachsene nicht grundsätzlich abweicht. Robin Arthur, Gründungsmitglied und Regisseur der Berliner Aufführung, sagt dazu: »Als wir an ›Haus‹ arbeiteten, haben wir uns nicht gefragt, was Kinder sehen wollen, sondern was wir gerne sehen würden und dass das dann für Kinder schon okay sein wird.« Die Besonderheit in der Erzählweise der Gruppe ist die parallele Existenz mehrerer Geschichten auf der Bühne, zwischen denen sich die Performer*innen wie auch das Publikum hin und her bewegen. »Eine einzelne Geschichte finden wir meistens nicht genug, da es immer andere Geschichten und andere Möglichkeiten gibt, sie zu erzählen. In den meisten Stücken von uns erzählen wir verschiedene Geschichten, die in einer Art Konkurrenz oder Wettbewerb miteinander stehen.«[26]

Diese Herangehensweise fordert die Aktivität der Zuschauer heraus. Neben der Erzählung wird der offengelegte Erzählvorgang wesentlicher Bestandteil der

24 Uraufführung London Dezember 2014, deutschsprachige Erstaufführung Berlin 2015; vgl. http://www.forcedentertainment.com/project/the-possible-impossible-house/ (eingesehen am 28.02.2017).

25 Vgl. Zehelein, Lina, Dramaturgin des *Theaters an der Parkaue* im Begleitmaterial zum Stück, S. 4; http://www.parkaue.de/media/file/produktionen/125-begleitmaterial_zu_unmoeglich_moegliche_haus.pdf. (eingesehen am 28.02.2017).

26 Ebd.: S. 5 f.

Performance. Zwischen den verschiedenen Erzählebenen wechselnd und auf unterschiedlichen theatralen Mitteln fußend, können sich die Zuschauer ihre Geschichte selbst zusammensetzen. Wie sie dies tun, hängt zusammen mit der eigenen Fantasie, der aktuellen Befindlichkeit, ästhetischen Vorerfahrungen und dem Wissen über theatrale Erzählformen und Formate.

Die möglichen Rezeptionsebenen in der Performance vom ›unmöglich möglichen Haus‹ werden den Zuschauern in einem vielschichtigen Erzählvorgang von zwei Performer*innen bereitgestellt. Der eine erzählt die Geschichte, die andere erfindet den Klang und die Geräusche dazu. Aber nicht nur das, vom *Geräuschetisch* seitlich auf der Bühne kommen auch Einwände zur Geschichte. Die Performerin hat ihre eigenen Vorstellungen vom Fortgang, nervt mit Vorschlägen, streitet, gibt aber auch Hilfestellung, wenn der dramaturgische Bogen zusammen mit dem gezeichneten Mädchen in einem schwarzen Loch zu verschwinden droht. Sie macht mit ihren Interventionen deutlich: Es kann so sein, aber es könnte auch ganz anders sein. Auf diese Weise bleibt die Geschichte immer in der Schwebe, wird permanent infrage gestellt – und doch rückt das Publikum nicht in eine Distanz zum Geschehen. Es wird durch die direkte Ansprache des Erzählers vielmehr selbst zum Protagonisten: »Stell dir vor, du irrst durch lange Korridore und landest in einem Raum, wo sich Bücher stapeln. ... Und dann rennst du da lang ... Und dann fällt hinter dir die Tür ins Schloss: Aber du weißt ja, du bist in einer Geschichte, also gibt es immer einen Ausweg.« Der Zuschauer wird zum »kreativen Komplizen« gemacht (Seidler 2015). Zusätzliche Spuren für diese Komplizenschaft werden parallel zu den Geschichten in fantasievollen Projektionen ausgelegt, die der Erzähler je nach Bedarf auf Pappkartons auffängt. Da sieht man die Flure, Kammern und Säle wie auch das gezeichnete Mädchen, die marschierenden Soldaten und all die anderen seltsamen Gestalten, mit denen man sich durch das ›unmöglich mögliche Haus‹ bewegt.

7. Zu Spuren der Buchrezeption

In der Anlage dieser Didaktik habe ich ebenfalls verschiedene Spuren ausgelegt, die in der Rezeption unterschiedliche *didaktische Erzählungen* ergeben und zu verschiedenen Wegen in der Erarbeitung einer Präsentation führen können.

Die unterschiedlichen Bezüge, mal auf ausgewählte künstlerische Arbeiten, mal auf thematisch relevante Theorien und verschiedene Textsorten, wie Beschreibungen, Analysen, Fragen, Merksätze, sollen eine kreative Komplizenschaft, wie sie auch in einer performativen künstlerischen Arbeit hergestellt werden kann, ermöglichen. In dieser kreativen Komplizenschaft kann der Leser, so die Erwartung, Komplexität und Mehrperspektivität selbst herstellen und sich einen Raum wie auch ein Wegenetz für künstlerisch-pädagogisches Handeln erschließen.

Roland Barthes schreibt: »*Dis-cursus* – das meint ursprünglich die Bewegung des Hin- und-Her-Laufens, das ist Kommen und Gehen, das sind ›Schritte‹, ›Verwicklungen‹.« (Barthes 1984: 15). In einem solchen hin und her Laufen soll der Leser sich zwischen den verschiedenen Textteilen dieses Buches bewegen können, sich in ein Nachdenken über künstlerisch-pädagogische Praxis verwickeln lassen und verschiedene Schritte und Schrittfolgen ausprobieren. Der Charakter eines Buches kann dabei insofern von Nutzen sein, als er eine jeweils eigene Zeitlichkeit in der Rezeption ermöglicht. Man kann vor- und zurückblättern, das Buch liegen lassen und in einer anderen Phase des eigenen künstlerisch-pädagogischen Nachdenkens oder Schaffens den Faden wieder aufnehmen. Möglicherweise schlägt man dann das Buch auf einer Seite auf, die sich auf Fragen der eigenen Praxis bezieht. Im Gehen, in der aktiven Rezeption kann der eigene *Dis-cursus* entwickelt, können die erprobten Wege zu künstlerisch-pädagogischen Landkarten geformt werden. Diese Karten haben nicht den Charakter von Navigationsgeräten mit eingeschränktem Vorschlagsrepertoire, sondern sind analogen Landkarten vergleichbar. Sie können ausgebreitet, in der Vorstellung durchwandert oder beim Laufen genutzt werden. Bei Unwägbarkeiten können alternative Routen entwickelt, Strecken zurückgegangen, umwandert und immer wieder anders genutzt werden. Diese Didaktik ist zugleich ein Dis-Kursbuch im Sinne des sich hin und her Bewegens, ein Kursbuch als Verzeichnis möglicher Linien oder ein Kon-Kursbuch, in dem Dinge zusammenlaufen und miteinander wetteifern, um eine alte Bedeutung von Konkurs heranzuziehen.

Die Rezeption des Buches ist, wie das Zuschauen bei einem Theaterstück (vgl. Weiler 2008), in hohem Maße von der Voraussetzung, der momentanen Verfasstheit, kurz und gut, von der Subjektivität des Lesers bestimmt. Die Spuren zur Rezeption, die im folgenden Kapitel unter der Überschrift ›Handlungsfiguren‹ ausgelegt werden, beziehen sich auf das dieser Didaktik zugrunde liegende Theaterverständnis, auf die Vorstellung vom Menschen, auf den Übergang zwischen theatraler und außertheatraler Realität sowie auf die umfassenden Gestaltungs-, Erfahrungs- und Lernmöglichkeiten, die in den Performativen Künsten beheimatet sind.

III. Handlungsfiguren

Der Begriff der *Handlungsfigur* bezieht sich auf ein Verständnis von Handlung als prozessualem Geschehen, das Wahrnehmung und Erkenntnis als Bestandteile enthält. Soweit hier von (theater-)pädagogischem Handeln die Rede ist, wird eine bestimmte Intentionalität zugrunde gelegt, die, kurz gefasst, zum Ziel hat, Lernende in die handelnde Auseinandersetzung mit der Kunstform Theater einzuführen und darin zu unterstützen, eine Präsentation zu erarbeiten. Bei der Realisierung dieses Ziels steht die pädagogische Intention immer wieder neu in einem Wechselverhältnis mit der Situation, in der es sich realisieren kann und soll, das heißt, mit raum-zeitlichen Gegebenheiten, institutionellen Vorgaben, dem Theater- und Weltverständnis der Teilnehmenden und ihrer jeweiligen Geschichte sowie subjektiven Verfasstheit. Das vorliegende Kapitel arbeitet beispielhaft Handlungsformen heraus, die sich in der Auseinandersetzung künstlerisch-pädagogischer Akteure innerhalb performativer Projekte herausgebildet haben.

Der hier verwendete Begriff der *Handlungsfigur* ist nicht zufällig einer der Theatertheorie, wo er die Realisierung einer Rolle durch einen Schauspieler kennzeichnet. Hajo Kurzenberger, Vertreter einer Praktischen Theaterwissenschaft, weist darauf hin, dass das Verhältnis zwischen Schauspieler und Rolle keineswegs eines zwischen Gefäß und Inhalt sei. Und der Theaterwissenschaftler Jens Roselt kennzeichnet die Figur als dichotome Formation, die sich aus den Anteilen von Rolle und Schauspieler aufbaut, aber während einer Aufführung permanent destabilisiert und neu formiert werden kann (vgl. Fischer-Lichte/Kolesch/Warstadt 2014: 109). Damit beschreibt der Begriff einen Prozess der Form- und Bedeutungsfindung, der sich immer wieder neu realisiert und immer wieder neu gelesen werden kann.

Entsprechend wird der Begriff der *Handlungsfigur* in seiner künstlerisch-pädagogischen Übersetzung verstanden. Er kennzeichnet die handelnde Auseinandersetzung im Rahmen einer Kunstform unter der Maßgabe, dass hier mit (Theater-) Amateuren gearbeitet wird.

Angelehnt an das Denken des Philosophen Michel de Certeau, das er in seinem Buch ›Kunst des Handelns‹ entwickelt, sollen mit dem Gebrauch dieses Begriffs die Spielräume betont werden, die im (Alltags-)Handeln bestehen und die nicht nur für die handelnden Subjekte Bedeutung erlangen, sondern auch strukturell wirksam werden können. Im Handeln, im performativen Akt des Gehens, so Certeau, entsteht »ein Spielraum zur *Benutzung* der aufgenötigten Ordnung des Ortes«, dem so »*Pluralität* und Kreativität« (Certau 1988: 79) verschafft werden.

Somit bezieht sich der Begriff auf Akteure, die im künstlerisch-pädagogischen Handeln mit einer Gruppe bestimmte Aspekte und Möglichkeiten der Performativen Künste realisieren.

Wege zur Entwicklung pädagogischer Handlungsfiguren aus der Theaterkunst

Aus meiner Perspektive sind es drei Aspekte der Theaterkunst, die zentralen Einfluss auf die Handlungsformen und -räume von Theaterlehrern haben.

Erstens: Welches Verständnis von Theater wird zum Ausgangspunkt künstlerisch-pädagogischer Arbeiten gemacht? Heutzutage kann nicht von *dem Theater* gesprochen werden. Die Lebendigkeit der Kunstform findet ihren Ausdruck in einer sich beständig wandelnden Vielfalt an Formen und Formaten, in immer neuen Zugriffen auf dramatische Literatur, biografische Erzählungen, soziale Fragen und einem sich wandelnden Einbezug verschiedener anderer Kunstformen. Unter der Fragestellung ›Was meine ich, wenn ich von Theater spreche?‹ (vgl. Kapitel III.1) wird ein Vorschlag für ein künstlerisch-pädagogisches Theaterverständnis entwickelt. Dies soll dazu verhelfen, unter pädagogischen Aspekten eine Orientierung in der Vielfalt zu finden.

Zweitens: Neben dem Theaterverständnis ist es das Bild vom Menschen und seinen Entwicklungsbedingungen, das theaterpädagogisches Handeln leitet. Ob angesichts krisenhafter gesellschaftlicher Entwicklungen und konstatierter sozialer Zwänge Theater eher als Schutz- oder als möglicher Konfrontationsraum angesehen wird, hängt davon ab, wie man sich die Bedingungen vorstellt, unter denen sich subjektive Entwicklung vollzieht. Wie ist die Gewinnung eines gewissen Maßes an Freiheit gegenüber den sozialen Gegebenheiten und manchen Zumutungen des Hineinwachsens in eine Gesellschaft möglich? Wo genau sind im Sozialisationsprozess Spielräume zur Individuation zu finden und wie können sie gestaltet werden? Mit der Frageperspektive, ob denn eine ›Performative Praxis als eine PRAXIS DER FREIHEIT‹ (vgl. Kapitel III.2) verstanden werden kann, werden Bezüge zwischen theaterpädagogischer Praxis und Prozessen von Subjektentwicklung reflektiert.

Drittens: Neben dem Verständnis vom Theater und der Vorstellung von Subjektwerdung ist für künstlerisch-pädagogische Entscheidungen von besonderer Bedeutung, in welchem Verhältnis theatrale und außertheatrale Wirklichkeit gesehen werden und wie die Bezüge zwischen den verschiedenen Wirklichkeitsebenen auf der Bühne gestaltet werden. Mit Blick auf den Stellenwert von Proben- und Theaterräumen und die soziale Relevanz theaterpädagogischer Projekte ist zu fragen: ›Wie wirklich ist die theatrale Wirklichkeit?‹ (vgl. Kapitel III.3).

In der umfassenden Reflexion dieser Aspekte werden im Folgenden theaterpädagogische *Handlungsfiguren* aus der Kunstform Theater heraus entwickelt. Tatsächlich bestimmen Theaterverständnis, Subjektverständnis und die Sichtweise auf das Verhältnis von theatraler und außertheatraler Realität theaterpädagogisches Handeln, egal, ob dies bewusst reflektiert wird oder nicht. In Gesprächen mit Kolleg*innen und aus den Erfahrungen in eigenen Projekten habe ich die Überzeugung gewonnen, dass pädagogische wie auch künstlerische Haltungen desto klarer zu bestimmen sind und die Arbeit umso aspektreicher gestaltet werden kann, je genauer diese drei Aspekte immer wieder befragt werden. Im Rahmen welchen Selbstverständnisses mir dies möglich erscheint, soll hier kurz skizziert werden.

Künstlerisch-pädagogische Berufsbiografien

Um in der theaterpädagogischen Arbeit immer wieder eine auch künstlerische Neugier entfalten zu können, auf deren Basis die Aspekte Theaterverständnis, Subjektverständnis und das Changieren zwischen künstlerischer und Alltagswirklichkeit immer wieder befragt und neu entwickelt werden können, scheint es mir notwendig zu sein, dass Theaterpädagogen sich nicht als Dienende für die Interessen einer Gruppe verstehen, sondern eine eigene, künstlerisch-pädagogische Berufsbiografie aufbauen und vertreten. Diese wird in Analogie zur Bedeutung von Künstlerbiografien und dem entsprechenden Selbstverständnis gedacht.

Für die Pädagogik und die Kunst bedeutsame und interessante Impulse entstehen weder aus einem pädagogischen Altruismus noch aus einer feststehenden, vielleicht sogar fixen Idee von Theater. Sie entwickeln sich vielmehr aus einem auch auf die eigene Entwicklung bezogenen Interesse an den Menschen, mit denen man künstlerisch arbeitet, sowie an den Möglichkeiten und Besonderheiten der Kunstform, mit der man es zu tun hat.

Auf dieser gedanklichen Basis kann durchgespielt werden, was die in der Theaterpädagogik oft benutze Wendung bedeutet, dass Lehrende immer auch Lernende sein sollten und umgekehrt, eine Sentenz, die schon um 1930 bei Bertolt Brecht auftaucht, wenn er formuliert: »im lehren muß das lernen enthalten bleiben.« (Hartung zit. Brecht 2004: 204).

In der bewussten – im besten Fall in der Kommunikation mit anderen zu schärfenden – Reflexion des Theaterverständnisses, des Bildes vom Menschen und der Bezüge zwischen verschiedenen Wirklichkeitsebenen, die dem pädagogischen Handeln zugrunde liegen, kann sich ein auf die eigene künstlerisch-pädagogische Lehrbiografie bezogener Erfahrungs- und Entwicklungsraum öffnen. Manchmal mag es nur eine kleine Verschiebung im Handlungsspektrum sein, die ein komplett neues Bild von der eigenen Arbeit ermöglicht und sich in neuen pädagogischen Haltungen und künstlerischen Ergebnissen niederschlägt. In der aus der Erprobung und Reflexion zu gewinnenden Offenheit realisieren und modifizieren sich *Handlungsfiguren* als Prozess der Form- und Bedeutungsfindung immer wieder neu und destabilisieren und formieren auch Arbeitsbiografien, indem beispielsweise unterschiedliche Schwerpunkte gesetzt werden. Mal sind es die Bezüge auf die Anliegen einer bestimmten Gruppe, mal ein besonderer pädagogischer Aspekt, mal eine künstlerische Idee oder ein besonderer theoretischer Ansatz, die im Zentrum des Interesses an einer Arbeit stehen. Dass es für einen derart offenen Ansatz Wegmarken und Orientierungen gibt, will dieses Buch zeigen.

Schreib- und Handlungswege

Als jeweiligen STARTING POINT für meine Positionierungen zum Theater- und Subjektverständnis sowie zum Changieren zwischen verschiedenen Wirklichkeitsebenen habe ich die Beschreibungen und Analysen von Aufführungen gewählt, die hierzu eine Aussage enthalten oder den jeweiligen Aspekt sogar direkt thematisieren. In der Gesamtschau auf die Aufführungsanalysen spannt sich mit Theater, Tanz und Performance eine Breite der Performativen Künste auf.

Es handelt sich in allen Fällen um Arbeiten, in denen künstlerisch-pädagogische Akteur*innen und Performer*innen mit einem unterschiedlichen

Hintergrund an Wissen, Erfahrung und Lebensalter zusammengearbeitet und eine Präsentation gemeinsam entwickelt haben. Sie alle, durchaus auch die beteiligten Theateramateure[1], lassen sich in der Entwicklung der künstlerischen Arbeiten immer auch auf *eine pädagogische Forschung* ein, die als solche in ihren Ergebnissen sichtbar gemacht werden soll. Es wird also zunächst auf das Wissen zugegriffen, das sich in beispielhaften künstlerisch-pädagogischen Arbeiten herausgebildet hat und in den Ergebnissen dieser Projekte aufgehoben und sichtbar geworden ist.

Ausgewählt wurde eine Arbeit der Performancegruppe TURBO PASCAL, die im Rahmen des HOUSECLUB am Berliner Theater HEBBEL AM UFER mit Schüler*innen der HECTOR-PETERSON-SCHULE entstanden ist. Diese Arbeit bezieht sich auf die ›Publikumsbeschimpfung‹ von Peter Handke und zeigt Möglichkeiten des performativen Umgangs mit einem dramatischen Text. ›GIRLS‹, von Ugo Dehaes mit jungen Tänzerinnen realisiert, schreitet den Handlungsraum körperlich-stimmlich aus und ›Eselssöhne‹, eine Arbeit der Regisseurin Carla Maria vom Hoff, widmet sich dem biografisch-sozialen Hintergrund des Aufwachsens und Handelns in einer sich ausdifferenzierenden Gesellschaft. Alle Akteure überschreiten thematisch, künstlerisch und pädagogisch Grenzen von Kunstformen, Zuschreibungen und Institutionen. Die in diesen Grenzüberschreitungen sichtbar gewordenen Haltungen und das in ihnen aufgehobene Wissen bilden eine Basis für die Theoriebildung in dem komplexen künstlerisch-pädagogischen Handlungsfeld.

Der Bezugnahme auf Theaterarbeiten folgen jeweils theoretische Teile. Deren Basis bilden die zunächst stückunabhängigen Recherchen zu den jeweiligen Aspekten wie Theater- oder Subjektverständnis. Es wird auf wissenschaftliche Denkweisen und Ansätze zugegriffen, die den Aufführungsanalysen eine erweiterte Perspektive beigeben können. Dies abschließend, werden jeweils Bezüge zwischen Aufführungsanalyse und theoretischem Teil hergestellt.

Die jeweiligen Unterkapitel ergänzend folgen MEMOS, die als Handlungsvorschläge zu verstehen sind. Sie heißen MEMOS, weil sie wie Merkzettel behandelt

1 Ich bevorzuge den Begriff des Amateurs gegenüber dem des Laien, der »in seinem religiösen Anklang einen Hinweis auf ein Hierarchiegefälle enthält (Priester versus Laie). Auch weil Teile der Laienspielbewegungen aus der Zeit der Reformpädagogik in die Spielscharen der Nationalsozialisten eingegliedert wurden, erscheint der Begriff nicht mehr geeignet. Das Wort ›Amateur‹ (von amo – lieben) enthält zudem einen Hinweis auf die Spiellust und ein affektives Verhältnis zur Theaterkunst« (Hilliger 2004: 17), das Amateure und *Experten des Theaters* einen kann. Der von dem Performancekollektiv *Rimini Protokoll* geprägte Begriff der *Experten des Alltags* ist insofern sinnvoll, als er die Bedeutung des Wissens und der Perspektive von nicht professionell arbeitenden Performer*innen betont. Diese zu Liebenden des Theaters, zu Amateuren zu machen, könnte man als eine pädagogische Aufgabe beschreiben.

werden können. Sie enthalten Ideen zu einem möglichen Projekt, schlagen Fokussierungen in der Aufmerksamkeit vor, geben Anlässe zur Reflexion der künstlerisch-pädagogischen Haltung usw.

Die Form von kurzen Merksätzen wurde gewählt, weil sie in sich Widersprüchliches bewahren können. Sie können beliebig kombiniert und durch eigene MEMOS ergänzt werden. Sie enthalten Vorschläge, aus denen ausgewählt werden muss; sie sind keine Anweisungen oder gar Rezepte. Sie sind nicht beliebig, denn sie wurden aus der Aufführungsanalyse und den Theoriebezügen entwickelt. Dabei sind sie nicht frei von persönlichen Setzungen, zu denen man sich unterschiedlich verhalten kann. Manche kommen unter unterschiedlicher Akzentuierung mehrfach vor. Ihre Struktur erhalten sie, indem sie anhand der Gesichtspunkte des in Kapitel II entwickelten FRAMINGS Kunstbezug, Realitätsbezug und Demokratiebezug aufgebaut sind.

1. Was meine ich, wenn ich von Theater spreche? Vorschlag für ein künstlerisch-pädagogisches Theaterverständnis

Ausgangspunkt der nachfolgenden Überlegungen ist die Annahme, dass Theaterarbeit, die sich auch in pädagogischen Kontexten primär an der Kunstform Theater und nicht an vermeintlich pädagogischen Notwendigkeiten orientiert, bereits eine große Vielfalt an pädagogischen Aspekten und Möglichkeiten enthält.

Die Produktion ›Publikumsbeschwörung‹ wurde für die Analyse ausgewählt, weil sie in ihrem künstlerischen Ergebnis diesen Aspekt von Theaterarbeit mit jungen Amateuren in besonderer Weise sichtbar macht. Das Performancekollektiv Turbo Pascal hat an den Anfang einer Arbeit mit jugendlichen Performer*innen einen hoch elaborierten Theatertext gesetzt, der Theatergeschichte geschrieben hat und mit dem junge Menschen von sich aus schwerlich in Berührung kommen. Das Motiv dieser Wahl des Starting Points war aber nicht die Überzeugung, dass die Schüler*innen diesen Text kennenlernen sollten, sondern der im Stück zum Thema gemachte Publikumsbezug, der performativ erprobt und ausgetestet werden konnte.

1.1 TURBO PASCAL: ›Publikumsbeschwörung‹

»Die wollen ein Schauspiel sehen.«[2]

Im Jahr 2011 zeigte die Performancegruppe TURBO PASCAL mit einer Gruppe von Schülern*innen der HECTOR-PETERSON-SCHULE in Berlin-Kreuzberg das Stück ›Publikumsbeschwörung‹. Institutionelle Basis war die Zusammenarbeit der Schule mit dem direkt gegenüberliegenden Theater HEBBEL AM UFER (HAU).[3]

Zur Aufführung findet sich das Publikum in einem Probenraum des Theaters zusammen, in dessen Mitte eine weiße, quadratische Box platziert ist. Sie erinnert in Form und Größe an den Inspizienten- oder Technikkasten eines Theaters, an Orte also, an denen wesentliche Fäden einer Aufführung zusammengehalten werden. Auf zwei Seiten sind Fenster eingelassen, die den über Eck gestellten Zuschauertribünen zugewandt sind, zunächst jedoch verschlossen bleiben. Nach und nach greifen aus dem Inneren Finger in die Lamellenjalousie. In den entstehenden Schlitzen werden verschiedene Augenpaare sichtbar. Wir werden beobachtet. Stimmen werden hörbar: »Ich sehe eine Frau, sie hat lange Haare.« »Die sitzen jetzt.« »Die wollen ein Schauspiel sehen.« »Die wollen kein Schauspiel sehen. Die wollen was über uns wissen.« »Die wollen Talente sehen.« »Die wollen einen Beitrag zur aktuellen Zuwanderungs- und Islamdebatte sehen.« »Wir sind keine Supertalente. Wir sind keine Spaßmacher. Wir werden keine Gefühle spielen. Wir werden keine Kanaken-Gesten machen. ... Wir werden nicht überall rumtoben.«[4]

Mit diesem Einstieg sind die zentralen Fragen der Aufführung gestellt: Welche Erwartungen stehen im Raum, wenn im Rahmen eines kulturellen Bildungsprojektes Kreuzberger Schüler*innen auf ein Theaterpublikum treffen? Wer hat da welche Erwartungen? Welcher kulturellen Rahmung sind die Erwartungen

2 Dieses wie auch die nachfolgenden Zitate entstammen der Aufführung *Publikumsbeschwörung*, einer Produktion von *Turbo Pascal* in Kooperation mit der *Hector-Peterson-Schule* und dem *Houseclub* im *HAU* Berlin, Premiere 11.11.2011.; vgl. http://www.turbopascal.info/produktionen/publikumsbeschwoerung/ (eingesehen am 13.11.2016).

3 Vgl. weitere Informationen zum Kulturprofil der Schule und zur Konzeption des *Houseclub* bei Schlagenwerth, Michaela: Erste Schritte, oder: *Die Schule mit Kunst infizieren. Der Weg zum Kulturprofil. Die Auftaktprojekte mit dem Lehrerkollegium und der Runde Tisch Kultur* (Schlagenwerth 2016: 14–17).

4 Diese wie die folgenden Zitate, hier nicht zwingend in der gesprochenen Reihenfolge wiedergegeben, sind dem Script *Publikumsbeschwörung* von *Turbo Pascal* und Schüler*innen der *Hector-Peterson-Schule*, 2. Fassung, 06.11.2011, entnommen.

jeweils geschuldet? Und wer denkt wie über wen? Spiegeln die Performer*innen ironisch gewendet die Zuschreibungen, denen sie sich ausgesetzt sehen? Oder geht es um das Bild, das sie sich vom Publikum machen? Oder geht es auch um die Bilder, die sie sich von sich selbst machen?

Die Eingangsszene verweist sogleich darauf, dass es um die Destabilisierung solcher Bilder und Zuschreibungen geht. Im Verlauf der Aufführung spielen die jugendlichen Performer*innen mit der Behauptung, dass sie es sind, die die Haltungen des Publikums manipulieren können. Mit dieser Behauptung beschwören sie die theatrale Veränderbarkeit von Realität. Sie dirigieren von dem zentral gesetzten *Inspizientenkasten* aus die Sichtachsen des Publikums, das sie selbst jederzeit im Blick haben. Sie spielen ein Versteckspiel. Man hört zunächst weibliche und männliche Stimmen, sieht blaue und braune Augen, die zu jungen Gesichtern gehören. Man sieht lange und kurze Haare und solche, die von Kopftüchern bedeckt sind. Die Jugendlichen zeigen sich in Fragmenten, so dass jedes Bild, das das Publikum sich von ihnen macht, sogleich wieder durch ein anderes überschrieben wird. Das Ziel der Aufführung besteht in der Verwirrung von Eindeutigkeiten in der sozialen Zuschreibung und in der Offenlegung von deren Absurdität. So sagt ein Spieler: »Ich sehe aus wie ein Skater, ich habe lange Haare. Ich kriege alle Mädchen ab. Wegen meiner Augen. Nee, weil ich so gut reden kann. Nee, ich bin halb Inder, halb Pakistani! Nee, ich bin Palästinenser und ich werfe gerne mit Steinen rum. Die denken bei mir, ich verkaufe Drogen, weil ich schwarz bin, also braun. Nee, ich bin ein notgeiler Türke. Nee, ich bin Deutscher. Ich bin euer schlimmster Alptraum.«

Das Verwirrspiel geht weiter, wenn Selbstaussagen über Mikrofon verzerrt, in der geschlechtlichen Zugehörigkeit unkenntlich, im Alter undurchschaubar gemacht werden. Das führt zu Verfremdungen, die amüsieren, denn inzwischen weiß das Publikum, wer da spricht. Nach zehn Minuten Spieldauer hat sich die Jalousie geöffnet. Es sind Kreuzberger Mädchen und Jungen zwischen 12 und 16 Jahren, deren Familien aus der Türkei, aus Palästina und dem Libanon nach Deutschland gekommen sind.

Die jugendlichen Performer*innen agieren in einer traditionellen Theateranordnung – hier die Bühne, davor die Zuschauer. Inhaltlich wie formal werden Theaterkonventionen erfüllt, wie sie heutzutage noch gängig sind. Dabei wird immer mal wieder die besondere Theatersituation eines künstlerisch-pädagogischen Projektes zum Thema gemacht: »Ihr denkt, hoffentlich blamieren die sich nicht.« Das Zusammentreffen zwischen Kreuzberger Migrantenkindern und einer Einrichtung, die deutsche Hochkultur reflektiert wie das Theater HEBBEL AM UFER, wird als vermeintlicher ›CLASH OF CIVILIZATIONS‹[5] inszeniert.

Von der ›Publikumsbeschimpfung‹ zu seiner Beschwörung

»Du denkst, du machst alles richtig, aber du kannst alles auch ganz anders machen.« Dieser Satz erweist sich als bedeutsam für die gesamte Theaterhandlung. Die Performer*innen diagnostizieren beim Publikum – stellvertretend für die soziale Welt außerhalb des Theaters – fest fixierte Erwartungen und Zuschreibungen als *Krankheit*. »Die sind hoch gebildet. Die sind eingebildet, wenn man die so anguckt. Die gucken einen doof an. Die befinden sich im Zustand der Erwartung. Die erwarten immer irgendetwas von uns.« Die Spieler*innen kommen zur Visite ins Publikum, machen sich Notizen, beraten über Gesundheitszustand, Diagnose und Behandlung. In der Theatersituation selbst sehen sie, ganz bildungsbürgerlich, die Möglichkeit zur Genesung: »Die wollen eine neue Perspektive einnehmen.«

Da das Stück vor allem sozial geprägte Sprachhandlungen thematisiert, liegt hier der Schlüssel zur spielerisch-theatralen *Lösung*. Mit den Mitteln von Telepathie, Gedankenlesen, Bedrohungen und Beschwörungen pflanzen die Performer*innen den Theaterbesuchern eine neue Sprache und die Perspektive auf veränderte Handlungsmöglichkeiten in die Köpfe. Mit Spaß und Ironie verwandeln sie das Wort Integration in das freundlichere »Intergratiön«. Spielerisch wird eine neue Wirklichkeit des sozialen Miteinanders in der Theatersituation heraufbeschworen.

Mit der schon im Titel angekündigten Thematisierung der Theatersituation lehnt sich das Stück ›Publikumsbeschwörung‹ an Peter Handkes SPRACHSTÜCK ›Publikumsbeschimpfung‹ aus dem Jahr 1966 an. Die jugendlichen Spieler*innen zitieren aus dem Buch, hantieren damit auf der Bühne und testen im Vorlesen von Handkes Kunstsprache den Grad ihrer Assimilation. »Welche Note hast du in Deutsch? Bist du ein Integrationskind? Also wenn ich dein Lehrer wäre, würde ich dir eine sechs geben.«

Beide Stücke, die ›Beschimpfung‹ wie die ›Beschwörung‹, machen das Publikum zum Thema. Beide Stücke arbeiten mit zugespitzten, teils klischeehaften Zuschreibungen. Beide thematisieren die wirklichkeitskonstituierende und -reproduzierende Kraft von Sprache.

5 Vgl. https://www.foreignaffairs.com/articles/united-states/1993-06-01/clash-civilizations (eingesehen am 19. 04. 2017).

Die Mitglieder von TURBO PASCAL, die die Aufführung ›Publikumsbeschwörung‹ künstlerisch und pädagogisch zu verantworten haben, wagen ihren eigenen *kulturellen Clash*. Das Fremde, die an eine bestimmte historische Situation gebundene Kritik an einem bildungsbürgerlichen Kunst- und Theaterverständnis bei Handke, mutiert in der entwickelten Textmontage zur Kritik an einem zumindest befremdlichen Bildungsverständnis, von dem das gerade stattfindende Theaterereignis wiederum ein Teil ist, was es aber gleichzeitig reflektiert.

In der Aufführung überlappen sich verschiedene, auch biografische Erzählungen, die ein hybrides Gebilde aus kulturellen Bezügen und Identitätszuschreibungen wie auch Entwürfen entstehen lassen. Durch die fragmentierte Sicht auf die Spieler*innen, die technischen Verfremdungen, die Textmontagen und Fremd- wie Selbstzuschreibungen vervielfachen sich die Stimmen im Theaterraum. In ihrer Komplexität liefert die Aufführung ›Publikumsbeschwörung‹ eine hervorragende Basis, um über ein Theaterverständnis nachzudenken, das in pädagogischen Zusammenhängen relevant werden kann.

1.2 Theaterverständnis mit pädagogischem Akzent

Das Verständnis von den Erscheinungsformen und den künstlerischen Ausdrucksmöglichkeiten in performativen Projekten mit jugendlichen Amateuren ist kein grundsätzlich anderes als im Berufstheater. Dies ergibt sich aus der Bedeutung, die dem Theater als Ort gesellschaftlicher Kommunikation in beiden Fällen zukommt. Der Soziologe Dirk Baecker spricht davon, dass das Theater in der Lage ist, sich in der Dramaturgie von Handlungsbögen, Sprache, Figur, Körpern, Stimmungen und Atmosphären »auf alle Elemente des Sozialen zu beziehen: Wie kommt eine soziale Beziehung zustande? Was hält sie aus? Was hält sie nicht aus? (...) Wie motiviert sie zur Teilhabe? Was macht sie aus den Individuen, die teilnehmen? Wie halten die Individuen aus, was die Situation mit ihnen macht? (...) Wie verwandelt sich eine Situation in eine andere? Wie vollzieht sich eine Verwandlung? Worin besteht die Form des Übergangs (...)?« (Baecker 2013: 18). In der Bezugnahme auf soziale Phänomene, in der künstlerischen Thematisierung von Biografien, Orten, Lebenswelten und -formen werden soziale Strukturen nicht nur zum Thema gemacht, sondern auch erprobt, überprüft, in Frage gestellt und gestaltet. Somit besitzt das Theater eine hohe Relevanz gerade auch für die junge Generation, die in einem oft konflikthaften Prozess dabei ist, in die Gesellschaft hineinzuwachsen.

Anders als im Berufstheater stellt sich in künstlerisch-pädagogischen Projekten die Aufgabe, den Raum der Performativen Künste als einen Handlungsraum mit eigener Akzentuierung, Perspektivierung, eigenen Gesetzmäßigkeiten, Handlungs- und Ausdrucksformen für die Beteiligten erst einmal zu öffnen. Baecker verweist auf die Ebenen, die hier berührt sind, wenn er von der Dramaturgie von Handlungsbögen, Sprache, Figur, Körpern, Stimmungen und Atmosphären spricht. Zu ergänzen sind beispielsweise Raum und Klang. Die theatrale Kommunikation, egal ob es sich um Theater mit einem Bezug auf Text und Figur, um Tanz oder Performance handelt, erfordert Formfindung auf Basis einer jeweils eigenen Sprache.[6] Der Grenzgang in künstlerisch-pädagogischen Projekten besteht

6 Wenn davon gesprochen wird, dass die Sprache der Kunst erlernt werden muss, so soll damit nicht Position zu der Frage bezogen werden, ob die Kunst selbst eine Sprache sei (vgl. hierzu Mersch, Dieter: *Ereignis und Aura. Untersuchungen zu einer Ästhetik des Performativen*. Frankfurt/M. 2002, insbes. S. 157–164). Es ist hier nicht ein einseitig auf Sinn und Vernunft bezogenes Verstehen von Kunst gemeint, sondern das handelnde Erproben einer komplexen, noch unbekannten Ausdrucksform.

darin, jungen Menschen diese Ausdrucksformen zu ermöglichen, ohne ein festgelegtes Reglement vorzugeben. Nur wenn diese Balance gelingt, öffnet sich ein sozial-kultureller Gestaltungsraum auch für die junge Generation.

An der Suche nach dieser Balance arbeiten heute Akteure verschiedenster kultureller Felder. Manche Schulen, eine zunehmende Zahl von Performancegruppen an ihren jeweiligen Präsentationsorten und viele Stadt- und Staatstheater nutzen dabei auch die Chance einer öffentlichkeitswirksamen Konfrontation ihres Publikums mit den künstlerisch gestalteten Perspektiven junger Menschen auf soziale Wirklichkeit. Das ist in dieser Weise möglich geworden, weil das zeitgenössische Theater sich insgesamt dem Sozialen auf neue Weise geöffnet hat. Hier werden nicht länger nur Klassiker der dramatischen Literatur auf ihre Gegenwartsrelevanz hin befragt, sondern die verschiedensten sozialen Räume, öffentliche wie private Orte, werden von Künstlern zum Thema gemacht und erforscht.[7] EXPERTEN DES ALLTAGS (vgl. Dreysse/Malzacher 2007), zu denen auch die jungen Performer gehören, werden auf die Bühne geholt.

Es haben sich zahlreiche Schnittstellen zwischen dem Berufstheater und künstlerisch-pädagogischen Projekten ergeben, neue Arbeitsweisen sind hier wie dort erprobt worden. Beide Bereiche stehen durch Einzelakteure und institutionelle Zusammenarbeiten in vielfachen Verbindungen miteinander. Produktions- und Aufführungsstätten wie das Berliner Theater HEBBEL AM UFER (HAU), das TANZHAUS NRW oder die MÜNCHNER KAMMERSPIELE arbeiten mit freien Gruppen und Schulen zusammen. Modelle wie TUSCH – THEATER UND SCHULE oder das Programm der KULTURAGENTEN haben sich der Förderung der institutionellen Zusammenarbeit verschrieben.

Pädagogik ist selbstverständlicher Teil von Kunst geworden. Kunst und Pädagogik erinnern sich an (nicht nur historische) Gemeinsamkeiten und Differenzen, die sie in ihren Projekten mit verhandeln. Dabei stellt sich für die Akteure immer wieder neu die methodisch bedeutsame Frage, ob die Heranführung an die Kunstform Theater eher als ein künstlerischer oder als ein pädagogischer Vorgang zu gestalten sei. Von mir wird hier das vordergründige Paradoxon behauptet, dass die Heranführung als eindeutig pädagogischer Vorgang zu kennzeichnen ist, der aber nur gelingen kann, wenn darin bereits künstlerische Verfahren, Sicht- und Arbeitsweisen aufgehoben sind, die die pädagogische Arbeit in besonderer Weise akzentuieren.

7 So ist beispielsweise das von Matthias Lilienthal entwickelte Format *X-Wohnungen* (vgl. Schultze/Wurster 2003) mit *X-Schulen* für den öffentlichen Raum Schule modifiziert worden.

Pädagogisch Kunst machen im schulischen Kontext – Wie geht das?

In meiner früheren Schulpraxis habe ich einen Ausspruch, den wohl alle Theaterlehrer kennen, in vielen Varianten gehört: »Das, was wir hier machen, fühlt sich nicht wie Schule an!« Theaterunterricht als ein eindeutig pädagogischer Vorgang in einem eindeutig pädagogischen Kontext wird als solcher nicht wahrgenommen. Der Theaterunterricht erscheint nicht als Teil des Schulalltags. Warum?

Theaterunterricht beginnt bei den beteiligten Jugendlichen in der Regel nicht mit einer Grundhaltung, die dem theatralen Proben- und Forschungsprozess einen besonderen Stellenwert im Schulalltag einräumt. Diese stellt sich erst als Ergebnis einer Erfahrung ein. Der Beginn ist eher von Ambivalenz oder gar Abwehr gegenüber den als peinlich oder zumindest merkwürdig empfundenen Erforschungen von Raum, Bewegung, sinnlicher Wahrnehmung, dem Gegenüber usw. geprägt. Oder von einem Chaos, das nicht selten entsteht, wenn ein Raum für ungewohnte sinnliche Erfahrungen, neue Denkansätze, noch ungerichtete Perspektivensuche oder Wahrnehmungserforschung geöffnet wird, wie er für den Beginn künstlerischer Arbeiten prägend sein kann, dem (Schul-)Alltag aber eher fremd ist. Die Angst vor dem Offenen, noch Unbestimmten, dem Ohne-bekannte-Grenzen-Sein kann die Produktivität künstlerischer Suchbewegungen erheblich behindern.[8]

Wie ist es möglich, die (notwendige) Fremdheitserfahrung gegenüber den Strukturen und Prinzipien des Alltags zu erhalten und dabei aushaltbar zu machen für Jugendliche wie Lehrende? Wie kann sie produktiv gewendet werden, ohne ihre Unberechenbarkeit zu verlieren, was die Erfahrung wiederum flach macht und zu uninteressanten Ergebnissen führt? Wie also können Kinder und Jugendliche zu einer offenen Haltung gegenüber theaterkünstlerischen Suchbewegungen geführt werden?

Diese Fragen begleiten die künstlerisch-pädagogische Suche, stellen sich im Erarbeitungsprozess immer wieder neu und können sicher nicht allgemeingültig beantwortet werden. Für den Verlauf der Suchbewegung scheint mir aber die Art des Einstiegs wesentlich zu sein.

Ohne dass dabei schnell und leicht zu verdauendes Fastfood serviert würde, kann die künstlerische Suche auf einen Aspekt konzentriert werden, bezogen

8 Dies gilt selbstverständlich nicht nur für Kinder und Jugendliche. Dennoch sind die Herausforderungen für das Gelingen künstlerischer Suchbewegungen mit Amateuren an der Institution Schule besonders groß, weshalb sie hier in den Fokus rücken.

beispielsweise auf Raum, Bewegung, Objekte oder das soziale Umfeld.[9] Schon die Fokussierung enthält ein detektivisches Verfahren zur Entschlüsselung und Neubewertung alltäglicher Erfahrungen und kann – und sollte – in eine erste kleine Gestaltung führen. Klein meint dabei nicht unbedeutend, sondern minimale Verschiebungen im Blick ermöglichend. Kinder und Jugendliche sehen dann u. U. sehr schnell, dass hier etwas entsteht, was sie überrascht, ihnen noch immer fremd vorkommt, das aber erstaunlicherweise von ihnen selbst entwickelt wurde und mit ihnen zu tun hat.

Es soll keinesfalls einer Pädagogik der kleinen Schritte im Sinne einer *Komplexitätsreduktion* das Wort geredet werden. Vielleicht braucht es zu Beginn die *unbedingte Idee*, die Vision, den Entwurf, vielleicht auch das Chaos. Es gibt aber neben einem nicht kalkulierten und nicht kalkulierbaren künstlerischen Zugriff andere Merkmale künstlerischen Arbeitens, die für den Einstieg mit einer Gruppe Pubertierender als möglicherweise besser geeignet erscheinen. In kleinen ästhetischen Forschungsaufgaben liegt der Einstieg in eine Arbeitsweise, die die Theaterkunst von jeher auch kennzeichnet: die künstlerisch akzentuierte Recherche im sozialen Feld. Da kann es um die Prägung der Körper gehen, um die Geschichte und Gegenwart eines Lebensraumes, die Bedeutung eines Objekts, um Vorstellungen von Heimat, Feierkulturen, ein Stück dramatischer Literatur, wie beispielsweise in der Arbeit ›Publikumsbeschwörung‹.

Die Recherche ist subjektiv geprägt. In ihr liegt der Schlüssel, alle an einem Projekt Beteiligten zu Wort kommen zu lassen.[10] Die Frage nach der richtigen Aufgabenstellung oder Übung tritt in den Hintergrund gegenüber der Haltung, *sie als Recherche zu begreifen*, deren Ergebnis als subjektive Äußerung relevant ist für ein Projekt, ob für den Erarbeitungsprozess oder später auch für eine Präsentation. So kann schrittweise und unter pädagogischen Gesichtspunkten eine neue, nämlich theatrale Wirklichkeit konstituiert werden, in Bezogenheit, aber doch im Abstand zu Alltagserfahrungen.

Forschende Anteile in Form von Rechercheaufgaben sind nicht nur pädagogisch wertvoll, weil sie eine vertiefte Kenntnis sozialer, historischer oder gesellschaftlicher Phänomene ermöglichen, sondern auch, weil sie eine neue Perspektive auf die

9 Wenn auch neuere Theaterformen hier noch keine wesentliche Rolle spielen, so kann meine Publikation *Theaterpädagogische Inszenierung* entsprechende praxisbezogene Wege weisen (vgl. Hilliger 2009).

10 Diese Möglichkeit nutzt auch die Kunstpädagogik. Helga Kämpf-Jansens hat für das Feld der *Ästhetischen Forschung* fünfzehn Thesen zur Diskussion entwickelt; vgl. http://www.kultur-forscher.de/materialien/aesthetische-forschung.html (eingesehen am 19. 04. 2017).

Forschenden ermöglichen, deren Sicht auf soziale Realität immer mit befragt wird. Solche Aufgabenstellungen können auf eine künstlerische Positionierung zulaufen, die subjektive Blicke auf Lebensrealität zeigt. Das Theater spielt mit Fragmenten und Zeichen der Realität, verschiebt und verfremdet sie, strukturiert sie um, um so »dem Publikum durch die spezifische Fokussierung der Aufmerksamkeit zu Erfahrungen und Sichtweisen auf die Welt zu verhelfen, die es außerhalb des Theaters nicht machen oder entwickeln könnte« (Brandstätter 2008: 45).

Gegenüber empirischen Studien, die Haltungen und Meinungen der jungen Generation unter bestimmten Aspekten erforschen, wie beispielsweise die regelmäßig durchgeführte SHELL-JUGENDSTUDIE, geht es hier darum, jungen Menschen eine subjektive, handlungsbezogene Stimme zu geben. Und wenn die künstlerische Gestaltung gelingt, erhält das Publikum nicht nur Fakten, sondern erfährt auch sinnlich Differenz und Parallelität zur eigenen Lebenswirklichkeit.[11]

In der künstlerisch gestalteten Theaterhandlung kann die Stimme junger Menschen eine eigene Präzision und Kraft entfalten, gerade weil die Wirklichkeit des Theaters, seine Dramaturgie und darin aufgehobene Erfahrungsweise, eine andere ist als die des Alltags. Diese gilt es, innerhalb der Theaterpädagogik mit Blick auf die Entwicklungen der Kunstform immer wieder neu zu übersetzen, manchmal auch neu zu erfinden.

Alleskönner?

Spätestens hier stellt sich die Frage, ob im künstlerisch-pädagogischen Bereich nur Alleskönner erfolgreich arbeiten können. Neben der Aufgabe, künstlerische und pädagogische Anteile in der Entwicklung eines Projektes immer wieder neu auszutarieren, sind Entscheidungen über Theaterformen und -formate zu treffen. Biografisches Theater, dokumentarisches oder ortsspezifisches Theater bieten eine Fülle an Ansatzpunkten zur Erforschung, zur Positionierung und zu spielerischen Erfindungen und Entwürfen. Die unterschiedlichen Darstellungsformen in Theater, Tanz und Performance mit all ihren Zwischenformen verfügen über unterschiedliche Ausdrucksebenen. Ein pädagogisch motiviertes Theaterverständnis umfasst diese Vielfalt, während im Berufstheater die

11 Dieser Aspekt wird in Kapitel III.3, *Wie wirklich ist die theatrale Wirklichkeit? Zur sozialen Relevanz von theaterpädagogischen Projekten näher ausgeführt.*

Fokussierung von Gruppen und auch von Häusern auf ausgewählte performative Kunstformen durchaus üblich ist.

Wie weiter oben ausgeführt, dürfen und sollten nach meiner Auffassung aber auch *pädagogische Experten des Theaters*[12], egal ob sie sich primär als Künstler oder als Pädagogen verstehen, solche Akzente setzen, das heißt, von den eigenen künstlerischen Fragen und Anliegen, von der eigenen *Berufsbiografie*, ausgehen. Dieser Hintergrund muss aber in einer Gruppe, von der die Theaterexperten ein Teil sind, offengelegt werden. Nur auf dieser Basis können Möglichkeiten, Interessen, Anliegen und Haltungen verhandelt werden.

Unter dem Gesichtspunkt der Beteiligung aller entscheidet sich die Qualität einer theaterpädagogischen Arbeit nicht zuletzt anhand der Fähigkeit, einen künstlerischen Prozess nach sozialen Gesichtspunkten zu gestalten. Voraussetzung ist eine forschende Haltung auch der künstlerisch-pädagogischen Experten, auf deren Basis eine Vermittlung zwischen Gestaltungsformen des Theaters, den Realitäten einer Gruppe und der pädagogischen Situation sowie den Interessen der Anleitenden stattfinden kann. Die Anleitenden müssen also ganz sicher viel und Wesentliches können, aber nicht *alles*.

Hier ist die Diskussion aufschlussreich, die derzeit um das Anforderungsprofil von Theaterkünstlern an verschiedenen Ausbildungsstätten geführt wird[13] (vgl. Drescher/Holtzhauer 2014). Im Rahmen dieser Debatte stellt der Politikwissenschaftler und Theaterkünstler Jan Deck die Entwicklung einer eigenen künstlerischen Position ins Zentrum, die auch soziale Fähigkeiten erfordert, denn die Darstellende Kunst sei »mehr als die Summe der Kompetenzen aller Beteiligten, mehr als eine Leistungsshow von hochtrainierten Einzelkünstlern. Darstellende Kunst kann auch als sozialer Prozess begriffen werden.« (Deck in Drescher/Holtzhauer 2014: 56).

Gerade in diesem Punkt lohnt ein beständiger Blick auf kollektive Arbeitsweisen. Performancegruppen wie Gob Squad, Forced Entertainment oder She She Pop reflektieren auch öffentlich, wie sie in einem Kollektiv mit unterschiedlicher Befähigung zu künstlerischen Ergebnissen kommen (vgl. Helmer/Malzacher 2004

12 Die Begrifflichkeit *Experten des Theaters* wird von Jan Deck vorgeschlagen – in Analogie zu den *Experten des Alltags*, Amateuren auf der Bühne bei *Rimini Protokoll* (vgl. Deck 2014: 60).

13 In Ludwigsburg trafen sich »vom 4. bis zum 6.10.2012 Dozierende und Studierende deutschsprachiger Theaterhochschulen, Theaterpraktiker, Experten aus anderen Disziplinen sowie Vertreter von Kunsthochschulen aus dem europäischen Ausland, um zu diskutieren, vor welchen Herausforderungen die künstlerische Ausbildung heute steht.«; zit. nach http://www.theaterderzeit.de/buch/wie%3F_wofür%3F_wie_weiter%3F/ (eingesehen am 19.04.2017). Fragen der Ausbildung standen auch im Fokus der Konferenz *Schultheater trifft Schauspielschule – Theaterlehrende im Dialog*, die vom 04. bis 05.02.2017 an der *Universität Bayreuth* stattfand.

und Gob Squad 2010). Dabei geht es nicht darum, solche Arbeitsformen zu übernehmen, sondern für künstlerisch-pädagogische Arbeiten zu modifizieren.[14]

Diese Überlegungen abschließend, soll in einem letzten Schritt noch einmal auf die schon besprochene Arbeit ›Publikumsbeschwörung‹ der Performancegruppe Turbo Pascal eingegangen werden, die Ergebnis eines solchen kollektiven Erarbeitungsprozesses mit einer Gruppe von Schüler*innen ist.

14 Wie es beispielsweise Anne Hartmann für die *Devising Performance* getan hat (Hartmann in Hilliger 2009: 111 – 139).

1.3 ›Publikumsbeschwörung‹ als künstlerisch-pädagogisches Theaterereignis

Mit Peter Handkes ›Publikumsbeschimpfung‹ haben die Performer*innen von TURBO PASCAL einen durchaus klassisch zu nennenden Stoff als STARTING POINT für ihre Arbeit mit Kreuzberger Schüler*innen gewählt. Dieses Textmaterial dürfte den jugendlichen Performer*innen befremdlich vorgekommen sein und steht zunächst einmal in keinem erkennbaren Zusammenhang mit ihrem Lebensalltag. Ein solcher Zusammenhang wurde jedoch in der gemeinsamen Theaterarbeit hergestellt. Er ist während der Aufführungen auch für die Zuschauer sichtbar geworden, mehr noch, sie wurden selbst in hohem Maße in die Theatersituation verwickelt. Die Beteiligten haben hier nicht eine außerhalb von ihnen selbst liegende Realität mimetisch abgebildet – vielmehr haben sie, in einer vielfachen kulturellen und sozialen Bezugnahme auf Geschichte und Gegenwart, selbst Realität hergestellt.

Dabei erscheint der Ausgangspunkt, die Bezugnahme auf Handke, als Risiko, als RISK. Jugendliche, die in der Kategorisierung des deutschen Bildungssystems als *bildungsfern* eingestuft werden, sind mit einem Stück Theatergeschichte konfrontiert, das schon lange vor ihrer Geburt relevant war – in Form eines handlungsfreien, hoch rhythmisierten, elaborierten Theatertextes aus dem Jahr 1966. Allerdings wird nicht dieser Theatertext auf die Bühne gebracht. Aus Handkes Original hört das Publikum nur Fragmente. Die schwierige Annäherung an den Text scheint aber nicht nur durch, sie wird bisweilen sogar direkt thematisiert. Insofern findet hier auch eine Auseinandersetzung mit Theatertraditionen statt.

Im Mittelpunkt steht die Aneignung und Modifikation des bei Handke zentralen Grundthemas *Publikum*. »Handkes provokatorisches Programmstück ist eine Auseinandersetzung mit dem Theater und der ›Gattung‹ Theaterbesucher, mit deren Erwartungen, Frustrationen und Verhaltensweisen. Das Publikum wird nicht durch einen desillusionierenden ›Sprecher‹ in das Bühnengeschehen einbezogen (...), sondern ist selbst Thema und ›Zielscheibe‹ des Stückes.« (Kindlers Literaturlexikon, Bd. VI, 1982: 7895)

Auch in der Produktion der Gruppe TURBO PASCAL ist das Publikum die Zielscheibe. Aber anders als bei Handke wird in der ›Publikumsbeschwörung‹ der Zuschauer nicht primär als Theaterzuschauer thematisiert, sondern in seinen sozialen Haltungen, Einstellungen, möglichen Vorurteilen, Verhaltensweisen etc. gegenüber den jugendlichen Performer*innen direkt angesprochen. Theater realisiert sich hier als komplexe kulturelle Praxis mit Bezügen auf einen historischen, künstlerischen und sozialen Kontext.

Während bei Handke das literarische Werk im Vordergrund steht, das als in sich geschlossener Theatertext die Aufführung bestimmt, dominiert in der aktuellen Bezugnahme das Theaterereignis. Handke spricht das Publikum direkt an, provoziert Reaktionen im Zuschauerraum und lenkt die Aufmerksamkeit dorthin, behält aber die strikte Trennung von Bühne und Publikum bei. Jede Einmischung von Zuschauern in den Ablauf der Aufführung wird abgelehnt, da sie Textfluss und Rhythmus unterbrechen und stören würde. Das Stück verbleibt, bei deutlicher Kulturkritik, im Theaterraum.[15]

In der Aufführung der Hector-Peterson-Schule von 2011 bewegen sich die jugendlichen Performer*innen zwischen dem Publikum, befragen es, setzen den Zuschauern Kopfhörer auf. Es gibt Teile, in denen sich der Ablauf erst während der Präsentation entscheidet.

In all diesen Aspekten wird der performative, das heißt der wirklichkeitskonstituierende Charakter der Theatersituation unmittelbar sichtbar. Dieses Theaterverständnis birgt besondere pädagogische Möglichkeiten: »Statt die Künste so zu sehen, als würden sie *etwas* mit den Menschen tun, sollten wir über künstlerische Formen nachdenken als *etwas*, das Menschen tun. Diese konzeptionelle Verschiebung hin zur kulturellen Praxis erkennt an, dass es konkrete Menschen sind, die unter konkreten gesellschaftlichen Bedingungen in bestimmten kulturellen Kontexten und im Rahmen spezifischer materieller und symbolischer Beziehungen Erfahrungen machen, an denen symbolisches Material und symbolische Formen kultureller Produktion beteiligt sind.« (Gaztambide-Fernández in Hamer 2014: 71).

Das bedeutet, dass eine spezielle Arbeit so nur in dieser speziellen Konstellation mit diesen Menschen an diesem Ort realisiert werden konnte. Das gilt selbstverständlich auch für eine Theaterarbeit mit professionellen Schauspielern, die ihre jeweils besondere Körperlichkeit und ihre unterschiedlichen Qualifikationen in eine Inszenierung einbringen. Aber für ein pädagogisch motiviertes Theaterverständnis hat es doch eine ganz andere Relevanz, denn hier handelt es sich eindeutig nicht nur um eine *künstlerische,* sondern auch um eine *soziale Praxis.* Soll

15 Der ausgelöste Skandal hatte auch mit Handkes klar sichtbarem Verweis auf die notwendige kulturelle Erneuerung nach dem Nationalsozialismus zu tun, blieb aber ein reiner Theaterskandal.; vgl. hierzu http://www.fluter.de/peter-handke-publikumsbeschimpfung (eingesehen am 05. 06. 2017).

eine auf einem hoch entwickelten Handwerk basierende künstlerische Präsentation realisiert werden, ergibt die Arbeit mit Amateuren aus meiner Perspektive keinen Sinn. Theaterpädagogische Arbeiten, die sich einem solchen Anspruch unterwerfen, sind deshalb peinlich, weil das angestrebte Niveau in der Regel nicht erreicht wird. Und selbst wenn es gelingt, Amateure in die Nähe des Berufstheaters zu hieven, sind die Arbeiten in der Regel uninteressant. Was dann nämlich nicht mehr zu sehen ist, sind die Spieler selbst.

Qualitätsvolle theaterpädagogische Arbeiten zeichnen sich aus meiner Sicht dadurch aus, dass sie als künstlerische *und* soziale Praxis auf der Bühne sichtbar werden. Das heißt keineswegs, dass eine Arbeit in der Anlage hoch kompliziert sein muss. Auch die ›Publikumsbeschwörung‹ war in ihren vielfältigen kulturellen und sozialen Bezügen zwar komplex, gleichzeitig aber auch ganz einfach. Der Bühnenaufbau und die Technik des Theaters HEBBEL AM UFER wären in einem Schultheaterraum so sicher nicht gegeben, aber nichtsdestotrotz wäre die Inszenierung mit einigen Modifikationen auch unter gängigen schulischen Bedingungen zu verwirklichen: als eine Arbeit, in der die Jugendlichen sich im Rahmen eines künstlerischen Prozesses kulturell und sozial mit Geschichte und Gegenwart auseinander- und sich selbst dazu in Beziehung setzen, verschiedene Sichtweisen ausprobieren, eigene Positionen finden und so schließlich im Austausch mit den Zuschauern selbst Realität herstellen.

1.4 Memos für ein Theaterverständnis in Handlungsfiguren

Demokratiebezug

Streitbar sein.

Umfassende kulturelle Teilhabe ermöglichen.

Auch die eigenen Interessen ernst nehmen.

Die eigenen Interessen offenlegen.

Entscheidungen im Erarbeitungsprozess als verhandelbar ansehen.

Formen für die Verhandlung finden.

Herausforderungen gestalten.

Verniedlichungen und Verkleinerungen vermeiden.

Kulturell, sozial oder politisch relevante Aspekte aufsuchen.

Diese im Ergebnis durchscheinen lassen, auch wenn es sich nicht um politisches Theater handelt.

Hybride kulturelle Formen aufsuchen und finden.

Zuschauer mit relevanten Positionen konfrontieren.

Die Arbeit so entwickeln, dass man daran einen kritischen Diskurs anschließen kann.

Die Arbeit so entwickeln, dass sie auch ohne diesen Diskurs auskommt.

Inhaltliche und formale Setzungen vornehmen.

Die Kommunikation mit dem Publikum von Anfang an mitdenken.

Das Publikum herausfordern.

Realitätsbezug

Herausfinden, mit wem man es in der Arbeit zu tun hat.

Kunst als Realität verstehen.

Theater als Handlung ansehen.

Setzungen vornehmen.

Im sozialen Umfeld Ansatzpunkte zum Nachdenken suchen.

Hierfür eine künstlerische Thematisierung finden.

Recherche als relevanten Teil der Arbeit ansehen.

Verschiedene Stimmen hörbar werden lassen.

Knotenpunkte zwischen theatraler und außertheatraler Realität aufsuchen.

Solche Knotenpunkte selbst herstellen.

Geschichte als kulturelle Realität begreifen.

Mit dem Zeichensystem des Alltags spielen.

Das ALS-OB auf der Bühne durchbrechen.

Formen des Changierens zwischen Spieler und Figur finden.

Kunstbezug

Sich nicht scheuen, einen anspruchsvollen STARTING POINT für die Arbeit zu wählen.

Den STARTING POINT in der Recherche breit auffächern.

Wissen, dass der Ausgangspunkt einer Arbeit die Fläche für neue Formulierungen bildet.

Umwege gehen.

Ein schweres oder schwieriges Thema nicht moralisch angehen.

Mehrperspektivisch denken und gestalten.

Die Dinge so gestalten, die Menschen so zeigen, wie sie nur im Theater gezeigt und gestaltet werden können.

Verschiedene Wahrheiten nebeneinander stehen lassen.

Die inneren Bezüge zwischen diesen Wahrheiten aufzeigen.

Absurditäten, Märchen, Widersprüche, Unfertiges so stehen lassen können.

Eine Linie finden.

Eine Form suchen.

Fragen aufwerfen.

Verstören dürfen.

Amüsieren dürfen.

Kompliziertes einfach machen.

Oder noch komplizierter, als es ist.

Einfaches vielschichtig zeigen.

Den Reichtum literarische Texte nicht meiden.

Vor dramatischer Literatur nicht in die Knie gehen.

Vergleichsebenen mit Berufsschauspielern nicht aufkommen lassen.

2. Performative Praxis als eine Praxis der Freiheit?

Reflexion über ein Subjektverständnis für künstlerisch-pädagogisches Handeln

Dieses Kapitel spannt einen Denkhorizont für die Reflexion des Subjektverständnisses auf, wie es künstlerisch-pädagogischem Handeln zugrunde liegt. Ob explizit formuliert oder nicht, ist es das *Menschenbild*, das pädagogische Haltungen und Entscheidungen wesentlich mitbestimmt. Hierauf soll im Folgenden die Aufmerksamkeit gerichtet werden. Dabei geht es mir weniger um ein systematisches denn um ein perspektivisches Denken, aus dem sich Begründungen und Zielorientierungen für verschiedene Praxisformen gewinnen lassen.

Im Anschluss an Louis Althusser, Michel Foucault, Judith Butler u. a. verstehe ich den Menschen als *Subjekt*, als den historischen, sozialen und gesellschaftlichen Gegebenheiten immer schon Unterworfenen, dem sich aber in seinen Handlungen Spielräume eröffnen, die es erlauben, das Menschsein in spezifischer Weise zu gestalten (vgl. Butler 2001). Freiheit ist damit nicht als absolute, in einem Willensakt herstellbare zu denken, sondern als eine Praxis der Freiheit.

Mit der Begrifflichkeit Praxis der Freiheit beziehe ich mich auf den Philosophen Michel Foucault, der Freiheit als eine Praxis der *Annäherung* an selbstbestimmtes Handeln in Lebenszusammenhängen begreift, die grundsätzlich von Macht und dem Zwang zur Unterwerfung unter vorgegebene Strukturen geprägt sind (vgl. Foucault 2013: bes. 253–279).

Ist die Arbeit in performativen Projekten mit einer solchen Idee von Freiheit in Verbindung zu bringen? Stellt also die performative Praxis Spielräume zur Annäherung an selbstbestimmtes Handeln zur Verfügung? In welchen Bezügen stehen diese Spielräume zu vorgegebenen Strukturen?

Welchen Stellenwert hat es, dass performative Praxis sich immer in einer dialogischen Struktur vollzieht, im Gespräch und im Handeln mit anderen sowie in der Begegnung mit fremden Wahrnehmungen, Haltungen, Lebensentwürfen?

Als Ausgangspunkt für die Beschäftigung mit diesen Fragen habe ich die Tanzproduktion ›GIRLS‹ ausgewählt, weil diese Arbeit dialogische Bezüge, in denen (weibliche) Subjektivität entsteht, explizit thematisiert.

2.1 Ugo Dehaes: ›GIRLS‹

Das Publikum hört zunächst, wie nackte Füße den noch im Dunkeln liegenden Bühnenraum in Besitz nehmen. Dann erst fällt Licht auf die Gruppe: Acht Mädchen in farbenfrohen, kindlich anmutenden Kleidern haben die Bühne betreten. Es ist sogleich deutlich geworden, dass es für die Zuschauer um ein *Sehen* geht, das sich *auch* auf der Ebene des *Hörens* vollzieht.

Die GIRLS umrunden in schnellem Lauf die Bühne, stoppen am vorderen Bühnenrand für einen lang andauernden Blick ins Publikum. Wir sehen in aufmerksame, offene Gesichter. Die Gruppe läuft weiter, stoppt erneut am hinteren Bühnenrand und beginnt ihren gleichzeitig kraftvollen wie grazilen Tanz. Für eine Stunde füllen die Mädchen mit ihrem Atem und ihren Stimmen, ihren Körpern und ihren Bewegungen den Raum. Zu sehen ist die konzentrierte, gleichwohl heitere Erforschung des Mädchenseins in seiner ganz eigenen Körperlichkeit[16] (vgl. Hilliger 2014: 26–29). »Es entsteht eine feinsinnige und spielfreudige Inszenierung um Zusammengehörigkeit und Freundschaft, die getragen wird durch die Ungezwungenheit der Mädchen in ihrer Kraft, aber auch in ihrer Verletzbarkeit.«[17]

›GIRLS‹ ist eine Arbeit des belgischen Choreografen Ugo Dehaes, die er zusammen mit Natascha Pire 2013 am Produktionshaus fABULEUS entwickelte[18] und die bis 2015 auf verschiedenen, auch internationalen Festivals gezeigt wurde.[19] Die Besonderheit dieser Tanzproduktion ist, dass sie komplett ohne Musik auskommt. Die akustische Ebene ist dennoch hoch präsent: Die Mädchen geben sich mit ihren Stimmen, ihrem Atem, an manchen Stellen auch mit den Füßen ihren Rhythmus und ihre Einsätze. Dabei agieren sie mal als Gruppe, mal individuell. Zwischen Momenten völliger Ruhe entstehen Klangbilder aus kraftvollen Tönen, langgezogenen Seufzern, kollektivem Atem, vereinzeltem panikhaften Hyperventilieren, angedeuteten Lauten bis hin zum Summen eines kleinen

16 Ein Ausschnitt ist zu sehen auf http://www.youtube.com/watch?v=ok7BVWbMdDc (eingesehen am 19. 04. 2017).

17 *Tanzhaus NRW* anlässlich des Gastspiels von *GIRLS* am 26. 01. 2014; vgl. http://tanzhaus-nrw.de/main_pages/girls-festivaleroeffnung--3 (eingesehen am 19. 04. 2017).

18 *fABULEUS* ist als Produktionsstruktur für Theater- und Tanzschaffende zu bezeichnen. Ein Fokus liegt auf jungen Menschen auf der Bühne und im Publikum; vgl. http://www.fabuleus.be/ (eingesehen am 27. 03. 2017).

19 *kwaad bloed*: http://www.kwaadbloed.com/?type=work&txt_id=84&searchterm=&lng=eng, *Tanz im August*: http://www.tanzimaugust.de/programm/festivalplan/dehaes-girls/ *Potsdamer Tanztage*: http://fabrikpotsdam.de/index.php?p=tanztage&&id=2416&lang=DE (eingesehen am 19. 04. 2017).

Liedchens. Neben dem Tanz ist es vor allem die Klangwelt, die das Publikum in Atem hält. Eine Kritikerin schrieb: »So atmete man schneller, wenn auf der Bühne mit Hyperventilation der schnelle Takt angestimmt wurde und hielt gleichfalls den Atem an, wenn der kollektive Atem der Mädchen stockte.«[20] (Willers 2014).

So viele Farben, wie die Mädchen klanglich erzeugen, so viele Stimmungen transportiert auch ihr Tanz. Es gibt fröhliche wie ernste, bisweilen sogar schwere Momente, die aber immer wieder aufgelöst werden in ein kindlich anmutendes Spiel, in Momente der Stille oder in ein unbeschwertes Lachen. In ständig wechselnden Konstellationen, in Soli, Duos, Trios, Quartetten und Gruppenchoreografien, wird mal Struktur, mal Unordnung sichtbar.

Die Bewegungen sind entschieden, nie zögerlich. Kraftvoll, nie niedlich. Raumgreifend, nie dramatisch. Artifiziell, nie artistisch. Eine immer wieder auftauchende Sequenz zieht sich wie ein roter Faden durch das Stück und erscheint in seiner Anlehnung an den Gesellschaftstanz wie die ausgelassene Erprobung von zukünftigem Erwachsensein.

Was die Zuschauer wahrnehmen können, ist ein körperliches Spiel zwischen Mädchen-Sein und Frau-Werden. Dabei ist nicht offensichtlich, dass ›GIRLS‹ aus der Übernahme von Bewegungsmaterial entstanden ist, das mit erwachsenen Tänzerinnen entwickelt wurde. Das Programmheft beschreibt, was für das Publikum nicht unmittelbar sichtbar wird: »GIRLS ist das Gegenstück zu WOMEN, mit dem der belgische Choreograf Ugo Dehaes 2011 große Erfolge feierte. Acht professionelle Tänzerinnen im Alter von 34 bis 56 Jahren verhandelten ihre Position in der Gruppe und reflektieren die Frage, ob auch im zeitgenössischen Tanz ein ideales Körperbild gilt. Ihr Bewegungsmaterial reicht Dehaes mit GIRLS an acht Mädchen im Alter von 10 bis 14 Jahren weiter.«[21]

Für das Publikum von ›GIRLS‹ ist diese Information interessant, aber nicht wesentlich für die Rezeption, denn es ist in der Übernahme ein Stück von ganz eigener künstlerischer Qualität entwickelt worden. Worauf bezieht sich diese Qualität?

Das Stück ›WOMEN‹ hat Dehaes mit Tänzerinnen verschiedenen Alters erarbeitet, um unterschiedliche Formen von Körperlichkeit, Emotionalität und

20 Vgl. http://www.pnn.de/potsdam-kultur/859422/ (eingesehen am 19. 04. 2017).

21 Text anlässlich des Gastspiels zum *Tanz im August*, Berlin 2013; ›GIRLS‹ wurde am 24. und 29. 08. 2013 im *Theater an der Parkaue* gezeigt; vgl. http://www.tanzimaugust.de/programm/festivalplan/dehaes-girls/506/ (eingesehen am 19. 04. 2017).

Lebenserfahrung auf der Bühne sichtbar werden zu lassen.[22] Die jungen Mädchen haben für die Produktion ›GIRLS‹ die Choreografien von den Frauen buchstäblich *abgenommen*. Es hat in der Übernahme aber eine wichtige Verschiebung stattgefunden: Wir sehen der lustvollen Aneignung eines von erwachsenen Frauen entwickelten Materials durch junge Mädchen zu, mit der diese sich den Erfahrungsdimensionen einer (noch) fremden Welt körperlich-handelnd öffnen. Dabei entwickeln sie ihren eigenen Zugriff, der das Brüchige, Unfertige, manchmal auch das Ungelenke eines im Wachstum befindlichen Körpers zeigt, der aber geschützt ist durch die Bezogenheit auf eine aus Erfahrung wie auch Wissen und Können entstandene Form. Man könnte die Erarbeitung und die Präsentationen von ›GIRLS‹ als ein *Hineinwachsen* in diese mit bereits gelebtem Leben gefüllte Form charakterisieren, der wir zusehen dürfen. Hier funktioniert die Kommunikation mit dem Publikum in einer klassischen Bühnen-Zuschauer-Anordnung, in deren Rahmen vielfältige Assoziationen ausgelöst, Erfahrungen aufgerufen und Erlebnisse oder Beobachtungen aktualisiert werden können.

Die Choreografie macht die jungen Mädchen in ihrer jeweiligen Besonderheit gerade in den Szenen sichtbar, in denen sie in ihren Bewegungen synchron sind und in einer Reihe vor dem Publikum stehen oder tanzen. In der Synchronität treten die individuellen Unterschiede in der körperlichen Erscheinung wie im Gestus und in der Haltung besonders deutlich zutage.

Dennoch mag es Stimmen geben, die behaupten, dass hier die pädagogische Qualität der künstlerischen geopfert wurde. Denn es kann zumindest infrage gestellt werden, ob die tänzerische Auseinandersetzung mit dem schon existierenden Stück ›WOMEN‹ tatsächlich im genuinen Interesse junger Mädchen sein kann. Ist also die Arbeit ›GIRLS‹, wenn auch aufgrund ihrer künstlerischen Qualität gefeiert, aus theaterpädagogischer Sicht ein absolutes No-Go?

Unter der Perspektive, was die Bewegung in einer an Traditionen, Aufführungsweisen und Vorbildern reichen Kunstform für junge Amateure im Einzelfall bedeuten kann, soll diese Frage reflektiert werden.[23]

22 Der Teaser von *WOMEN* ist einzusehen unter http://www.youtube.com/watch?v=ZZCoj-0DIKk. (eingesehen am 28.03.2017).

23 Zu dieser Frage ist das in den 30er-Jahren des 20. Jahrhunderts verfasste fiktive Gespräch des Komponisten Hanns Eisler mit dem Philosophen Ernst Bloch, das sie unter dem Titel *Die Kunst zu erben* veröffentlichten, ein aufschlussreicher Bezugspunkt. Sie diskutieren hier, auf welche Weise sich alle Klassen einer Gesellschaft das künstlerische Erbe aneignen können – und wie es gelingen kann, dass dieses Erbe nicht zu einem »Stapelgut von Bildungsware« wird; (vgl. Bloch/Eisler 1978: 258–263).

Bezüge auf das künstlerische Format des Reenactments

Die jungen Tänzerinnen und die Choreograf*innen von ›GIRLS‹ bewegen sich mit ihrer Arbeit innerhalb eines künstlerischen Formats. Sie nutzen eine Spielart des Reenactments, die Eingang in die Performance- und Theaterkunst gefunden hat. »So wiederholte Marina Abramović 2005 mit *Seven easy pieces* Klassiker der Performance-Art, das Living Theatre nahm 2007 mit *The Brig* seine legendäre Inszenierung aus dem Jahr 1963 wieder auf, die Wooster Group brachte im gleichen Jahr mit *Hamlet* die Aufzeichnung einer Inszenierung aus dem Jahr 1964 auf die Bühne und die Performancegruppe Gob Squad reinszenierte mit *Kitchen* 2008 an der Volksbühne Berlin die frühen Filme Andy Warhols – um nur einige Beispiele zu nennen. Diese Aktionen haben sich selbst als Reenactment annonciert und sind von Interpreten als solche tituliert worden.« (Roselt/Otto 2012: 8)

Das Reenactment als Format für das Theater vollzieht keinen interpretativen Vorgang wie das Literaturtheater. Es realisiert vielmehr den handelnden Nachvollzug eines künstlerischen Ereignisses unter notwendig veränderten, nämlich jeweils heutigen Bedingungen. Die Theaterwissenschaftler Jens Roselt und Ulf Otto sprechen davon, dass Reenactments nicht versuchen, »das Vergangene zu aktualisieren, sondern zu revitalisieren« (ebd.: 11). Insofern gibt es durchaus eine Nähe zum Reenactment historischer Ereignisse, wie beispielsweise der Völkerschlacht von Leipzig. Der Verband Jahrfeier Völkerschlacht bei Leipzig 1813 hat für sein Jubiläum mit dem Slogan »HISTORISCHES GEFECHT am 20. Oktober 2013« geworben und spricht von »historischer Zeitreise« und »erlebbarer Geschichte«.[24] In diesem wie in anderen vergleichbaren Beispielen geht es um eine Erinnerungskultur, die mit Beweisen arbeitet: Diese Kleidung wurde getragen. So und nicht anders ist es gewesen. So und so viele Tote hat es gegeben. Obgleich die rekonstruierende Genauigkeit im Fokus steht, entsteht etwas Neues: Aus der historischen Schlacht wird ein ästhetisches Ereignis. Mag auch die Kleidung gleich sein, Tote gibt es im Nachvollzug nicht.

Das Reenactment ist niemals identisch mit dem ursprünglichen Ereignis, auf das es sich bezieht. Das gilt für die historische wie für die künstlerisch orientierte Erinnerungskultur. Den im Rahmen der Bildenden Kunst entstandenen Performances dient das Reenactment zur Bewahrung flüchtiger Kunstereignisse für einen Museumskontext und bewegt sich also in größtmöglicher Nähe zum

24 Vgl. http://www.leipzig1813.com/de/home.html (eingesehen am 19.04.2017).

Original. Im Theater ist die Differenz mal größer, mal kleiner, je nach Intention. Aber immer findet eine Verschiebung statt, insofern ein einmaliges Ereignis in eine wiederholbare Performance überführt wird. Der Abstand wird größer, wenn die Kopie das Vergangene in einem künstlerisch veränderten Setting neu belebt. Ein Beispiel hierfür ist Gob Squads ›Kitchen‹, in dem die Performer*innen die Entstehungsbedingungen von Andy Warhols gleichnamigem Film aus dem Jahr 1965 in einem Theaterabend wiederherzustellen suchen.

Im künstlerischen Reenactment können also sehr unterschiedliche Ziele verfolgt und verschiedene Verfahrensweisen sichtbar werden. In der Produktion ›GIRLS‹ wird ein künstlerisches Ereignis unter Bedingungen neu gewagt, die Vergangenheit, Gegenwart und Zukunft miteinander verbinden: Kinder eignen sich ein Bewegungsmaterial von Erwachsenen an, in das wiederum deren vergangene Erfahrung eingelagert ist, die auf eine mögliche Zukunft der jungen Mädchen verweisen kann. In dem Changieren zwischen verschiedenen, zeitlich und personell auseinanderfallenden biografischen Bezügen entsteht Neues. Die verschiedenen Ebenen verdichten sich im Moment der Performance (vgl. Tecklenburg in Roselt/Otto 2012: 79–100).

Dabei hat sich nicht nur die Bewegungsqualität gegenüber dem Original dadurch verändert, dass hier nicht erwachsene Frauen, sondern junge Mädchen tanzen. Die Choreografie ist unter der Mitwirkung der Mädchen modifiziert worden. Es hat somit ein Aneignungsprozess stattgefunden, der für die Zuschauer sichtbar ist – auch wenn sie die spezielle Geschichte dieser Arbeit *nicht* kennen. Denn das fremde Bewegungsmaterial, in dem die jungen Künstlerinnen sich erproben, bewahrt – neben und in den Bezügen zu Tänzerinnenbiografien – kulturelle Codes und Muster.

Die Tanzproduktion ›GIRLS‹ bildet für mich den Bezugspunkt für die Formulierung eines Subjektverständnisses, das ich in der theaterpädagogischen Praxis für relevant halte.

›GIRLS‹ thematisiert auf spielerischer Ebene ein (weibliches) Selbstverständnis, das sich auf einen Fundus an gelebter kultureller Erfahrung und damit auch auf vorgefundene Strukturen bezieht. Ist in einer solchen komplexen Auseinandersetzung mit recherchiertem Material das Potenzial zu einer Praxis der Freiheit enthalten?

Die Bedeutung dieser Frage kann vor dem Hintergrund eines kurzen historischen Exkurses zum Menschenbild deutlich werden, das die ästhetische Bildung und das hier vorherrschende Verständnis vom Subjekt und seiner Freiheit nachhaltig geprägt hat und heute noch in der theaterpädagogischen Praxis wie Diskussion vorkommt.

2.2 Gesellschaft als ärgerliche Tatsache? Zum traditionellen Subjektverständnis in der ästhetischen Bildung

Die ästhetische Bildung ist von ihrem Beginn an mit einem Freiheitsversprechen verbunden. Sie setzt die Vorstellung vom Menschen als Subjekt, als gesellschaftlichen Zwängen Unterworfenen, bereits voraus. Friedrich Schiller bringt dies in seinen Briefen ›Über die ästhetische Erziehung des Menschen‹ anschaulich zum Ausdruck: »... wir sehen nicht bloß einzelne Subjekte sondern ganze Klassen von Menschen nur einen Theil ihrer Anlagen entfalten, während daß die übrigen, wie bey verkrüppelten Gewächsen, kaum mit matter Spur angedeutet sind.«[25] (6. Brief v. Schiller 2006: 22). Diese frühe Beschreibung sozialer Einschränkungen ist insofern bemerkenswert, als sie zu einer Zeit erfolgte, in der der Begriff des (immer männlich gedachten) Subjekts weitgehend positiv konnotiert war, indem er mit der Möglichkeit zu absoluter Erkenntnis, zur Beherrschung der Natur, zu zweck- und zielorientiertem Handeln, kurzum mit Aktivität verbunden war.

Schiller bezieht sich an anderer Stelle bereits auf die negative Seite eines solchen (bürgerlichen) Selbstverständnisses, wenn er die in ihm enthaltene Spaltung zwischen Gefühl und Gedanken, zwischen Sinnlichkeit und Vernunft problematisiert. Die Aufhebung dieses Widerspruchs ist für Schiller Bestandteil ästhetischer Erfahrung. Aufgabe der ästhetischen Erziehung sei es – neben der grundlegenden Herausbildung eines Gefühls- und eines Vernunftvermögens –, die beiden Formen, der Welt zu begegnen, miteinander zu versöhnen. So ließe sich »die höchste Selbstständigkeit und Freyheit« erlangen (13. Brief ebd.: 52).

Schiller empfiehlt das zweckfreie, künstlerische Spiel als historisch erste Therapiemethode gegen die Unterwerfung des Subjekts unter gesellschaftliche Zwänge und Begrenzungen[26] (vgl. 14. Brief ebd.: 57 f.). Im (bürgerlichen) Kunstverständnis ist also schon in dieser frühen Auffassung ein Spiel-Raum zur Subjektentwicklung beheimatet.

25 Hier wie an allen anderen Stellen im Buch wird in Zitaten die ursprüngliche Schreibweise beibehalten.

26 14. Brief: Der Spieltrieb bringt die Versöhnung der entgegengesetzten Triebe von Vernunft und Sinnlichkeit. Ulrike Hentschel zeigt auf, dass diese Versöhnung von Schiller als ein nicht zu erreichendes Ideal gedacht wurde (vgl. Hentschel 1996: 33).

Aus heutiger Perspektive ergeben sich jedoch zwei zentrale Einwände gegen dieses Konzept. Zum einen wird die Möglichkeit zur freien Entfaltung des Menschen auf einen Teilbereich der bürgerlichen Gesellschaft, den der autonom gedachten Kunst bezogen. Zum zweiten ist die *Praxis der Freiheit,* wie sie von den aufgeklärten und aufklärenden Denkern des 18. Jahrhunderts verstanden wird, insofern eng begrenzt, als von einem im Menschen angelegten Kern ausgegangen wird, der zur Realisierung des Menschseins zum Keimen und Wachsen gebracht werden muss. Die Freiheit besteht also darin, ein vorherbestimmtes Ziel möglichst umfassend zu erreichen. Hierzu passt die Beschreibung des defizitären Menschen in der naturbezogenen Analogie von »verkrüppelten Gewächsen«.

Die Vorstellung von einer im Menschen angelegten und in der Erziehung zu entfaltenden *Natur* lässt sich in der gesamten bürgerlichen Literatur, insbesondere im Drama des 18. Jahrhunderts finden. Und sie ist bis heute aus den theaterpädagogischen Argumentationen nicht vollkommen verschwunden, wenn nämlich Theaterprojekten eine befreiende Funktion beigemessen wird, die das unter zahlreichen Einschränkungen stehende, lernende Subjekt entlasten kann.[27] Hier wird der Freiraum einer noch immer autonom gedachten Kunst aufgerufen, und zwar in ihrer pädagogischen Spielart. Das bürgerliche Menschenbild des 18. Jahrhunderts wirkt nach, wenn der (junge) Mensch in der Kunst *zu sich selbst finden* soll. Die Gesellschaft mit ihren Zwängen und Begrenzungen wird dann als Ärgernis angesehen, das es für eine von Deformationen freie Entwicklung junger Menschen möglichst zu umgehen gilt.[28] In Opposition hierzu vertrete ich die Auffassung, dass man von einem Subjekt ausgehen muss, das relevante Handlungsspielräume nur in der Auseinandersetzung mit den gesellschaftlichen Gegebenheiten gewinnen kann.

Diese Handlungsspielräume aktiv zu erschließen und mit Heranwachsenden entsprechende Techniken in den Performativen Künsten zu erfinden und zu erproben, scheint mir ein lohnenswertes Ziel künstlerisch-pädagogischer Praxis zu sein.

27 So konstatieren Klepacki/Zirfas, »dass die Vertreter des Schultheaters dieses gerne als ›anderen Ort‹ in der Schule verstehen, der es sich leisten kann, den Selektionsvorgaben nur bedingt zu entsprechen.« Dem Selektieren zuzuneigen, wie die Verfasser es tun, scheint mir allerdings der falsche Schluss aus dieser Beobachtung (vgl. Klepacki/Zirfas 2013: 54).

28 Der Soziologe Rolf Dahrendorf spricht vom »Ärgernis der Tatsache der Gesellschaft«. Diese sei so allgegenwärtig und zugleich so resistent, dass »wir uns ständig an ihr stoßen und reiben.«. (Dahrendorf zit. n. Marchart 2013: 17).

Handlungs-Spiel-Räume des (pädagogischen) Subjekts

Nicht nur am Beispiel von Schillers Briefen ›Über die ästhetische Erziehung des Menschen‹ ist ablesbar, wie eng die Auffassung vom Menschen und seiner gesellschaftlichen Verortung mit der Ausgestaltung von Bildungszielen verknüpft ist. Für die Curricula der künstlerischen Schulfächer in (West-)Deutschland, die sich von der harmonisierenden musischen Erziehung der Nachkriegszeit hin zur Kompetenzorientierung mit der Zielmarke von Kreativität, zu optimierender Selbstdarstellung und umfassender Eigenverantwortung entwickelt haben, lassen sich – wie allgemein bekannt – entsprechende Zusammenhänge nachweisen.[29]

Wie können sich Theaterlehrer als *Subjekte*, die curriculare oder andere institutionelle Vorgaben zu beachten haben, in und zu diesen Zusammenhängen verhalten? Ein Blick auf neuere Subjekttheorien liefert Ansatzpunkte des Nachdenkens.

Zunächst scheint die in Psychologie, Philosophie und Sozialwissenschaften vollzogene Erkenntnis, dass der Mensch kein autonom Handelnder, sondern ein von der kulturellen Ordnung zutiefst Geprägter, von ihr in seiner Entwicklung Abhängiger und nicht selten Deformierter sei, wenig ermutigend für die Vorstellung selbstbestimmten Handelns zu sein. Foucault entwickelt die Denkfigur von der Dezentrierung des Subjekts und setzt es damit als Zentrum der sozialen Ordnung außer Kraft (vgl. Foucault 1971).

Für die Gewinnung von Handlungsspielräumen liegt aber eine Chance in der grundsätzlichen Unabgeschlossenheit dieses Subjektivierungsvorganges. Zwar entwickeln sich Strukturen von Identität in biografischen Verläufen, dennoch befindet sich das Subjekt in einem grundsätzlich unabgeschlossenen Prozess des Werdens.[30] Es konstituiert sich in der permanenten Auseinandersetzung mit gesellschaftlichen Strukturen, die dem Einzelnen nicht als äußerliche, ihrem Wesen nach fremde gegenüberstehen. Sie bilden sich vielmehr selbst in einem komplexen System »sozialer Praktiken und entsprechender Wissensordnungen, die ihre Subjekte bis in ihre körperlichen Bewegungen, ihre Emotionen und ihr privates Selbstverstehen hinein modellieren.« (Reckwitz 2008: 7). Es lassen sich Ausformungen, Abweichungen, Differenzierungen, soziologisch gesprochen *Pfadabweichungen*

29 Die Förderung von Kreativität als Motor ökonomischer Entwicklungen beispielsweise ist kritisch reflektiert worden; (vgl. Reckwitz 2014).

30 Heiner Keupp u. a. haben sich in einem groß angelegten Forschungsprojekt mit dem Begriff der Identität auseinandergesetzt. (vgl. Keupp u. a. 2002).

gerade deshalb finden, weil das Subjekt »nicht als vorhanden zu betrachten ist, sondern immer im Prozess der permanenten kulturellen Produktion« (ebd.: 10).

Hieraus ergibt sich die Vorstellung von einer sozialen Praxis der Emanzipation, die inmitten der Gesellschaft angesiedelt ist. Sie realisiert sich als fortwährender Prozess einzelner PRAKTIKEN DER FREIHEIT[31] mit dem Ziel, gesellschaftliche Strukturen beweglich und veränderbar zu halten. Dieser hoch ambivalente Prozess eröffnet Spielräume des sozialen Handelns, die, wenn sie aktiv ergriffen werden, wiederum auf die Konstitution des Subjekts zurückwirken (Foucault 2013: 255). Das Subjekt kann somit in verschiedenster Form Widerstand leisten gegen die Bedingungen seiner Existenz. Die Philosophin Judith Butler sagt treffend: »Das Hinausgehen ist kein Entkommen, und das Subjekt geht genau über das hinaus, an was es gebunden ist.« (Butler 2001: 22).

Selbstverständlich kann eine solche theoretische Reflexion nicht unmittelbar in Handlungsvorschläge für eine pädagogische Praxis münden. Aber sie liefert reichlich Anlässe, das pädagogische Selbst in seiner vielfachen Gebundenheit zu verstehen und immer wieder neu zu entwerfen und zu erproben.

Was bedeutet dieser Denkansatz für die künstlerisch-pädagogische Arbeit in den Performativen Künsten?

Performative Praxis als dialogische Praxis

Kulturelle Praxis wird in den Performativen Künsten auch in pädagogischen Zusammenhängen nicht etwa nur vermittelt, sondern in der gemeinsamen Erarbeitung einer Präsentation hergestellt. Hiervon ist die pädagogisch geformte Begegnung nicht ausgenommen, auch sie ist ein *kultureller Entwurf*.[32]

Es ist die dialogische Struktur im Prozess der Erarbeitung wie auch der Präsentation, die die Performativen Künste auszeichnet; ihr messe ich im Kontext der ästhetischen Bildung einen besonderen Stellenwert bei.[33] Bestandteil der

31 Foucault erkennt die Notwendigkeit von Befreiung aus beispielsweise kolonial bestimmten Verhältnissen an, betont aber, dass damit Praktiken der Freiheit noch nicht gewonnen sind, die erst eine Gesellschaft frei von Herrschaftsverhältnissen sichern können.

32 Mit dem Projekt *jump and run* haben in einer Kooperation zwischen verschiedenen Berliner Theatern und Schulen die Akteure dieser Institutionen die *Schule als System* künstlerisch auf den Prüfstein gestellt (Vgl. Schlie/Willenbacher 2016: 31 – 67). Doch brauchen die pädagogischen Zusammenhänge und Bedingungen nicht zwingend künstlerisch thematisiert zu sein, um in theaterpädagogischen Projekten immer wieder neu entworfen zu werden.

33 Das gilt natürlich auch für andere Pädagogikfelder (vgl. Buber 2002 und Freire 1975).

künstlerisch-pädagogischen Begegnung ist es, dass ein vielschichtiger Dialog stattfindet, in dem alle Beteiligten mit fremden individuellen wie kulturellen Erfahrungen und Entwürfen konfrontiert sind. In einem Prozess der Bedeutungsproduktion wird in unterschiedlichen Vorgängen und auf verschiedenen Ebenen erfahrbar und sichtbar, dass der Mensch als ein in sozialen Praktiken sich herausbildendes und entwickelndes Subjekt immer plural gedacht werden muss.

Die Philosophin Hannah Arendt hat sich intensiv mit der Verabschiedung absoluter Erkenntnisfähigkeit des Subjekts und dem daraus resultierenden Problem des Pluralwerdens von Wahrheit beschäftigt. Sie fragt danach, wie subjektive Wahrheiten, die zunächst nur Meinungen sind, überprüft werden können: »Und so, wie niemand vorab die doxa des anderen kennen kann, kann auch niemand aus sich selbst und ohne weitere Anstrengung die Wahrheit wissen, die seine eigene Meinung birgt.« (Arendt 2016: 49).[34] Erkenntnisse über die eigenen wie auch fremden, im kulturellen Prozess erworbenen Meinungen und Haltungen sind in einem aktiven *Dazwischen* anzusiedeln. Entsprechend plädiert Arendt dafür, in einem Dialog immer wieder neu zu ermitteln, was den Menschen ausmacht.

Der Sinologe und Philosoph François Jullien spricht davon, dass »jeder, um einen Dialog zu führen, imperativ seine Position öffnen, in Spannung versetzen und als Gegenüber einführen muss.« Das ergibt sich daraus, dass »jeder Dialog eine wirksame – operierende – Struktur ist, die de facto dazu zwingt, seine eigenen Auffassungen zu überarbeiten, um in eine Kommunikation einzutreten, und somit auch, sich zu reflektieren.« (Jullien 2009: 195). Diese Selbstreflexion ist die erste Voraussetzung für die aktive, bewusste Aufnahme fremden Wissens, fremder Erfahrungen und Haltungen.[35]

Jullien stellt die sprachliche Übersetzungsleistung, die im Dialog notwendig wird, ins Zentrum seiner Überlegungen, »sie zwingt nämlich dazu, innerhalb der eigenen Sprache ihr Implizites zu *überarbeiten* und neu zu betrachten, um es für die Eventualität eines anderen Sinns verfügbar zu machen oder zumindest für andere Verzweigungen.«[36] (ebd.).

34 Meinung wird von Arendt altgriechisch als *doxa* gefasst.

35 Nicht zufällig sind es die zwischen verschiedenen Kulturen Denkenden, die Arendts dialogischen Ansatz für das 21. Jahrhundert ausdifferenzieren. Zu nennen ist hier beispielsweise auch der Literatur- und Kulturtheoretiker Homi K. Bhabha (vgl. Bonz/Struve in Moebius/Quadflieg 2011: 132–145).

36 Es muss betont werden, dass Jullien in seinem Bezug auf China keinen Exotismus betreiben will. Den Umweg sieht er vielmehr als ein Werkzeug an, das im Aufsuchen eines Dazwischen Neukategorisierungen möglich macht. Konsequenterweise verwirft Jullien die Einigung auf ein standardisiertes Amerikanisch, das die Vermittlung der jeweils individuellen kulturellen Spezifika nicht leisten kann (ebd.: 196).

Hier lässt sich eine deutliche Parallele zu komplexen künstlerischen Übersetzungsleistungen und zu Erfahrungen in einer noch fremden – nicht zwingend gesprochenen – Sprache herstellen, die subjektive Wahrnehmungen, Einsichten und Erkenntnisse, vielfach verzweigend, in eine neue (symbolische) Form und Ordnung zu bringen vermag. Diesen Prozess meine ich, wenn ich für die Theaterpädagogik von gemeinsamer kultureller (Bedeutungs-)Produktion in einem dialogischen Prozess spreche.

Was dieser grundsätzlich offene Prozess im Einzelnen auslöst, in den Performern, den künstlerisch-pädagogischen Akteuren und dem Publikum, können wir nicht wissen. Dass er einen zentralen Stellenwert gewinnen kann in einer Zeit, in der das einzelne Subjekt gar nicht anders zu denken ist denn als Schnittstelle verschiedener sozialer und kultureller Praktiken, liegt auf der Hand. Als Denkansatz, der einer weiteren Ausdifferenzierung bedarf, möchte ich im Folgenden die Frage in den Raum stellen, ob eine theaterpädagogische Praxis unter den beschriebenen dialogischen Voraussetzungen als eine Praxis der Selbstsorge gewertet werden kann.

Performative Kunstpraxis als Selbstsorge?

Foucault kennzeichnet die »Ethik der Sorge um sich als Praxis der Freiheit«. Er versteht darunter die »Einwirkung des Subjekts auf sich selbst, durch die man versucht, sich selbst zu bearbeiten, sich selbst zu transformieren und zu einer bestimmten Seinsweise Zugang zu gewinnen.« (Foucault 2013: 254). Gemeint ist hier nicht etwa ein (einmaliger) Akt der Befreiung, sondern Freiheit zu *praktizieren* unter der Maßgabe, dass Strukturen das Ergebnis historischer Verknüpfungen und in der vorgefundenen Form nicht etwa notwendig sind.

Foucault legt in seiner ›Ästhetik der Existenz‹ die historische Genese der Selbstsorge seit der Antike dar und verweist darauf, dass jede historische Epoche ihre eigene Ausprägung entwickelt, angefangen von Gesprächsformen zwischen Meister und Schüler, der Praxis des Zuhörens, der Askese, des Briefe- und Tagebuchschreibens usw. (vgl. Foucault 2013: 208–216). Techniken des Selbst sind also wiederum kulturell geprägte Praktiken, die dem in gesellschaftliche Ordnungen und Machtstrukturen eingebundenen Subjekt dazu verhelfen können, »sich und seine Existenz auf eine bestimmte Weise zu ›verstehen‹« (Reckwitz 2008: 38).[37]

Kann performative Kunstpraxis als eine solche PRAXIS DER FREIHEIT gewertet werden? Findet sie Eingang in Bildungsprozesse? Welche Rolle spielt – in einem weiten Verständnis – das Dialogische?

Theaterkurse an Schulen und Jugendclubs an Theatern erfreuen sich heutzutage eines regen Zulaufs. Unter dem Aspekt der Selbstsorge wäre genauer zu untersuchen, ob nicht die künstlerisch geprägte Auseinandersetzung mit Formen von Subjektivität, die hier nach allen Regeln der Kunst in ihren Abhängigkeiten, aber auch in ihren Spielräumen und ihrer Widerständigkeit erforscht werden, ein wesentliches Motiv darstellt.

Proben und Präsentationen stellen vielfältige Techniken und Verfahren zur Verfügung, verschiedene Formen der Beziehung zu sich selbst nicht nur zu erforschen, sondern auch körperlich-handelnd zu erproben. Es stellt keine Vereinnahmung von selbst gewählter künstlerischer Auseinandersetzung Jugendlicher dar, hier aus pädagogischer Sicht auf die Perspektivenerweiterung, auf die Möglichkeit zur Gewinnung einer Perspektivenvielfalt hinzuweisen, die zu einem erweiterten Verständnis eigener wie fremder Subjektformen führen kann. Denn Selbstsorge ist niemals als Vermittlung, sondern immer nur als ein Vorgang aktiver Aneignung denkbar.[38]

Die pädagogische Herausforderung liegt darin, dialogisch strukturierte Aneignungsräume zu erfinden, in denen nicht vorschnelle und eindimensionale Antworten gegeben werden können. In der Folge liegt die Herausforderung auch auf der Seite des Publikums, insofern es sich einem vielschichtigen Dialog aussetzt, wenn es der komplexen (Selbst-)Thematisierung der jungen Generation in der Verflechtung mit den verzweigten und vielfältigen gesellschaftlichen Bedingungen ihrer Existenz beiwohnt.

Dabei weist auch die künstlerische (Selbst-)Thematisierung über die Einzelnen und ihre Geschichten und Körper immer hinaus. Es ist nicht zuletzt die künstlerische Form, die Parallelitäten, Brüche, Bezüge, Übergänge auch in Subjektformen sichtbar machen kann.

37 Die dem Einzelnen heute abverlangten Techniken der Selbstoptimierung, des Selbstmanagements und der Selbstkontrolle sind also keinesfalls unter den Begriff der Selbstsorge zu fassen.

38 Dieser Ansatz wird in Kapitel IV.1, *Lernen in den Performativen Künsten*, noch einmal unter einer anderen Perspektive aufgegriffen und ausgeführt.

In diesem Sinne ist die Aufführung ›GIRLS‹ als komplexe ästhetische Praxis zu sehen, die subjektive Erfahrungen und soziale Auseinandersetzungen als Einschreibungen[39] in den (weiblichen) Körper nicht nur thematisiert, sondern als *Körper-Inszenierung* Aneignungsformen künstlerisch durchspielt und gestaltet. Unter diesem Aspekt soll abschließend noch einmal auf die Tanzproduktion eingegangen werden.

39 Mit der Verwendung des Begriffs der Einschreibung soll nicht nur ganz allgemein darauf verwiesen werden, dass sich die jeweils spezifische Eigenständigkeit des (weiblichen) Körpers in sozialen Praktiken herausbildet. Vielmehr soll der Begriff den Prozess der im künstlerischen Gestalten gewonnenen Formfindung, der künstlerischen Thematisierung spezifischer Körpererfahrungen erfassen.

2.3 ›GIRLS‹ – Vielheit der (Tanz-)Körper

Nach einer Aufführung von ›GIRLS‹ ergab es sich, dass ich mit dem künstlerischen Team im Garten der FABRIK POTSDAM zusammensaß. Nach dem gemeinsamen Essen standen die Protagonistinnen der Aufführung, die GIRLS, vom Tisch auf und begannen zu tanzen. In seiner Ausgelassenheit war dies ein für alle Anwesenden beglückender emotionaler Moment. Dieser *Tanz nach dem Tanz* machte darüber hinaus die Bedeutung des Kontextes deutlich. Selbstverständlich wurde auch in der puren Lust an der Bewegung das vorangegangene Körpertraining sichtbar. Aber es fehlte die geformte und gezielte Einbindung in das Zeichensystem der Kunstform Tanz. Der Blick auf die Mädchen blieb als emotional beglückender Eindruck in Erinnerung, der sich aber ausschließlich auf diesen gemeinsamen Moment bezog. In der Tanzproduktion hingegen wurden soziale Erfahrungen in der überindividuell lesbaren Sprache des Tanzes thematisiert – und tangierten so zugleich eigene kulturelle Erfahrungen.

Beginnend mit der Arbeit der Pioniere des modernen Tanztheaters, Pina Bausch, Johann Kresnik, Reinhild Hoffmann u. a., ist seit den 60er-Jahren des 20. Jahrhunderts eine künstlerische Sprache entwickelt worden, in der Geschlechterrollen und habituelle Strukturen auf der Bühne neu verhandelbar geworden sind. Seither ist dieses Zeichensystem vielfach weiterentwickelt, modifiziert und künstlerisch immer wieder anders gedacht und erprobt worden. Gemeinsam ist den Aufführungen, dass sie an Erfahrungen des Subjekts ansetzen, die sie als überindividuell lesbare zeigen. Genau dies begründet das hohe Interesse an Aufführungen eines Tanztheaters, dem es nicht primär um Beeindruckung durch Technik und Körperbeherrschung geht, wie etwa im klassischen Ballett. Das immer wieder neue Zusammenspiel zwischen Thematik und (neuer) Formgebung, das seine Neuerungen auch aus der Auseinandersetzung mit einer Tradition bezieht, vermag ein allgemeines Interesse (im Sinne eines überindividuellen, nicht im Sinne eines jeden betreffenden Interesses) zu tangieren. Die Arbeiten ›WOMEN‹ und ›GIRLS‹ stehen in dieser Tradition.

Im künstlerischen Format des REENACTMENTS von ›WOMEN‹ zu ›GILRS‹ wird der Körper als hybrides Gebilde verschiedener Subjektformen, als Schnittstelle verschiedener kultureller Praktiken sichtbar und erfahrbar. Denn der Tanz der jungen Mädchen in der Produktion ›GILRS‹ zeigt nicht nur wechselnde Stimmungen, Töne und Haltungen der einzelnen Körper in ihrem Zusammenspiel.

Die Produktion spielt darüber hinaus auf einem hohen künstlerischen Niveau mit der Übernahme und Aneignung von subjektiven Erfahrungen und Einschreibungen in den Körper unter dem sozialen Aspekt des Frau-Seins bzw. -Werdens. Der Tanz der jungen Mädchen thematisiert also spielerisch den Prozess der Einschreibung sozialer Erfahrungen in den Körper.

Es sind die Inszenierung und der Bezug auf ein künstlerisches Format in der Verhandlung von Einschreibungen in den Körper, der dessen hybride Verfasstheit erst sichtbar zu machen vermag, die im Alltag in der Regel verborgen bleibt. Die Inszenierung kann in ihrer künstlerischen Komplexität den eigenen Körper in seiner multiplen Verfasstheit berühren. Die weiter oben bereits zitierte Kritikerin (»So atmete man schneller, wenn auf der Bühne mit Hyperventilation der schnelle Takt angestimmt wurde ...«[40]) benennt einen Teil dieser Erfahrung, die sich individuell unterschiedlich vollzieht.

Zentrale Schlussfolgerung für jedwede Arbeit mit Amateuren, egal unter welchen Bedingungen und Voraussetzungen sie stattfindet, ist, dass sie in eine Gestaltung finden muss, die der Pluralität, Komplexität und dem eingebunden Sein von Subjektstrukturen entspricht, auch wenn sie sie nicht zum Thema macht. Wie die künstlerische Form sich gestaltet, ob ihrerseits komplex oder auch ganz einfach, ist vielfältig und offen. Was eine solche Arbeit aber nicht leistet, ist, die Performer auf der Bühne *authentisch* sein zu lassen. Dennoch muss Authentizität immer noch als Qualitätskriterium für Amateurtheater herhalten.[41] Eine Aufführung gilt manchen Zuschauern und Kritikern dann als besonders gut, wenn die Spieler auf der Bühne möglichst *natürlich* erscheinen. Dieses Qualitätskriterium, dem man sich als Pädagoge strikt widersetzen sollte, wird zumeist von außen an Aufführungen herangetragen, von Zuschauern, aber auch von Förderern, institutionellen oder politischen Entscheidungsträgern. Hier fehlt nicht nur eine Reflexion darüber, dass Authentizität auf der Bühne immer nur als konstruierte in Erscheinung treten kann.[42] Ein Qualitätskriterium, das an Natürlichkeit ansetzt, nimmt der künstlerisch-pädagogischen Arbeit zudem jegliches Gewicht.[43] Es wird nicht nur verkannt, in welchem Maße von und mit Menschen, die oftmals noch

40 Vgl. http://www.pnn.de/potsdam-kultur/859422/ (eingesehen am 19.04.2017).

41 Wartemann leistete schon 2002 eine kritische Analyse des Begriffs der Authentizität und seiner Verwendung im Amateurtheater (vgl. Wartemann 2002).

42 René Pollesch macht dies in seinem *Eingangsmonolog von Glanz und Elend der Kurtisanen* auf kunstvolle Weise deutlich; vgl. http://www.volksbuehne-berlin.de/praxis/glanz_und_elend_der_kurtisanen/ (eingesehen am 09.04.2017).

43 Dies ist durchaus im Sinne Butlers zu verstehen (vgl. Butler 1995).

keinen aktiven Kontakt mit den Performativen Künsten hatten, um Formgewinnung gerungen werden muss. Es schleicht sich zudem die Vorstellung von einer Natur des Menschen ein, die ausgerechnet in einer Kunstform zu finden sei. Zu sehen sind aber eher *Werdende*, die sich auf der Bühne in einer ihnen neuen Form selbst entdecken und damit möglicherweise ihre momentane Existenz überschreiten können. Geht es in der Rezeption von performativen Arbeiten mit Amateuren vorwiegend um Natürlichkeit auf der Bühne, wird deren Auseinandersetzung in und mit den Kunstformen Theater, Tanz oder Performance nicht als eine auch kulturelle Praktik angesehen und gewürdigt.[44] Gerade hier findet aber eine intensive Erprobung und Sichtbarmachung von Subjektformen statt, die sich auf der Schnittstelle verschiedener kultureller Praktiken befinden und die, insbesondere in ihrem Werden, auch Brüche und Widersprüche aufweisen.

Die Vorstellung, dass in den Performativen Künsten unter bestimmten Voraussetzungen eine Technik des Selbst, eine Selbstsorge im Sinne Foucaults aufgehoben sein kann, lässt sich mit dem an Schiller angelehnten Bezug auf eine vorgängige Natur des Menschen, auf einen authentischen Kern, nicht vereinbaren. Zeitgenössische theaterpädagogische Positionen zielen vielmehr auf die eigenwillige Thematisierung von Subjektivität *als individuelle und soziale* Praxis.

44 Lisa Haucke äußerte sich in einem Gespräch hierzu so: »Ich finde, gute Amateur-Inszenierungen sollten so angelegt sein, dass der Kritiker gar nicht erst nach diesem Kern sucht und diesen zu verstehen glaubt, sondern auf das Werdende des Menschseins verwiesen wird. Also auf die Übergänge, das Brüchige und die darin enthaltene Ästhetik.«

2.4 MEMOS zum Subjektverständnis künstlerisch-pädagogischen Handelns

Demokratiebezug

Freiheit als soziale Praxis begreifen.

Soziale Praktiken der Freiheit erforschen.

Subjektordnungen als historisch-gesellschaftliche begreifen.

Das künstlerische und pädagogische Selbst in diesem Kontext zu verstehen suchen.

Das pädagogische Kunst-Handeln als Forschungsfeld begreifen.

Von einer Vielfalt künstlerischer Formen und Formate ausgehen.

Entscheidungen mit der Gruppe im Wissen um diese Vielfalt treffen.

Die Entscheidung für ein Format als politische Positionierung ansehen.

Bildung auch als Subjektkonstitution verstehen.

Kunst nicht als Entlastung, sondern als Herausforderung für alle Beteiligten verstehen.

Darin die Lust am Gestalten finden.

Theaterpädagogische Prozesse unter dem Aspekt der Selbstsorge reflektieren.

Harmonisierungen vermeiden.

Harmonisierungen als theatrale Konstruktion sichtbar werden lassen.

Für die Aussagen von Amateuren Formen suchen, die ungewohnte, vielleicht unbekannte Perspektiven öffnen – und das mit ihnen gemeinsam tun.

Auf Gestaltung bestehen.

Machtbeziehungen umkehrbar halten.

Realitätsbezug

Subjekte als verschiedene zeigen.

Subjektformen spielerisch erforschen und als wandelbar ansehen.

Vielheit *im* Subjekt zeigen.

(Bildungs-)Handeln als Teil von Subjektivierungspraktiken ansehen.

Fremde Realitäten als mögliche eigene gestalten und zeigen.

Das Feld des Künstlerischen als ein soziales Feld neben anderen ansehen.

Theaterarbeit als eine besondere Form sozialer Praxis verstehen.

Die Übergänge zwischen verschiedenen Realitätsebenen gestalten.

Stabilität nicht in Identität suchen, sondern in einer aktiven, prozessualen Form des Lebens.

Davon ausgehen, dass junge Menschen Wesentliches zu sagen haben.

Anliegen einer Gruppe erforschen.

Anliegen an sie herantragen.

Fremdes zu Eigenem machen.

(Selbst-)Thematisierungen suchen, die über Einzelne hinausweisen.

Die Bereitschaft mitbringen, Eigenes neu oder anders werden zu lassen.

Hybridität als soziale Beschreibungskategorie und Basis künstlerischen Ausdrucks ansehen.

Rollenhandeln als Handeln begreifen.

Die Erscheinung hinter der Erscheinung aufsuchen – diese in der Gestaltung nach vorne holen.

Kunstbezug

Formfindung als Sorge um sich begreifen.

Vor ungewöhnlichen Formvorschlägen nicht zurückschrecken.

Abwegige Formvorschläge selbst machen.

Gestaltungsentscheidungen konsequent verfolgen.

Gestaltungsentscheidungen bis zur Grenze der Penetranz verfolgen.

Brechungen vornehmen.

Komplexität und Widersprüchlichkeit in den Aussagen erhalten.

Wissen um Formen und Formate an eine Gruppe vermitteln.

Formen und Formate immer wieder neu erproben.

In der Wahl der künstlerischen Mittel auch an das Publikum denken – dies nicht als Schere im Kopf begreifen.

Dem Begriff der Hybridität in Bezug auf die aktuelle Kunstpraxis nachgehen.

Die eigene Praxis in ihrer Einbindung in künstlerische Traditionen und Entwicklungen verstehen – diese Einordnung suchen.

Beschreibungen der eigenen künstlerisch-pädagogischen Praxis im Gespräch mit anderen erproben.

Authentizität als Qualitätskriterium verbannen.

3. Wie wirklich ist die theatrale Wirklichkeit? Zur sozialen Relevanz von theaterpädagogischen Projekten

Im Folgenden wird danach gefragt, welche *soziale* Relevanz der Theaterraum gewinnen kann, wenn junge Menschen ihn bespielen und in eine Kommunikation mit dem Publikum treten.[45] Dies geschieht mit Bezug auf den allseits bekannten Buchtitel des Kommunikationswissenschaftlers und Psychotherapeuten Paul Watzlawick ›Wie wirklich ist die Wirklichkeit? Wahn, Täuschung, Verstehen‹ (vgl. Watzlawick 1978).

Watzlawick begreift die Wirklichkeit als Ergebnis von Kommunikation. Anhand zahlreicher Fallbeispiele entwickelt er die These, dass wir immer nur von »*Bildern* der Wirklichkeit sprechen und nicht *der* Wirklichkeit« (Watzlawick 1977: 16). Wirklichkeit ist in dieser Auffassung immer plural.[46]

Diese Grundannahme belegt das Theater anschaulich auf die ihm eigene Weise. Das Spiel mit Wahrheit, Lüge und Täuschung ist Teil der Theaterverabredung. Teil dieser kulturellen Verabredung ist es aber auch, dass das Theater in seinem Spiel selbst (kommunikative) Wirklichkeit herstellt, durchaus auch in Bezug auf die Wirklichkeit außerhalb des Theaters. Unter anderem hieraus bezieht es seine soziale Relevanz. Der Soziologe Fritz B. Simon kennzeichnet die Situation als Paradoxie, die darin besteht, »dass der Theaterbesucher Zeuge eines Spiels wird, das als Fiktion definiert ist, um ihm die (sogenannte) ›Wirklichkeit‹ bzw. die (sogenannten) ›Fakten‹ vor Augen zu führen.«[47] (Simon in Niktin u. a. 2014: 43).

Simon stellt die Funktion des Theaters als *Schauraum* ins Zentrum seiner Überlegungen. »Wie der Name schon deutlich sagt, ist das Theater ein Ort, an dem beobachtet werden soll, kann und muss.« Es ist die Kommunikation in dem fiktional gestalteten, offenen Bedeutungsraum der Kunst, in der soziale Wirklichkeit

45 Selbstverständlich ist hier jeder Raum gemeint, der sich durch das Spiel als Theaterraum konstituiert, unter Umständen auch der öffentliche. Dabei lassen sich die folgenden Ausführungen nicht nur auf junge Performer beziehen, scheinen mir aber für die aktive Einbindung der jungen Generation in einen demokratischen Aushandlungsprozess besonders wichtig zu sein.

46 Vgl. hierzu auch das vorangegangene Kapitel III.2 *Performative Praxis als eine Praxis der Freiheit?*, in dem dieser Gedanke unter der Perspektive der Subjektkonstitution entwickelt wird.

47 Klammern und Hervorhebungen entstammen in dieser Form der Originalquelle.

entsteht, ganz unabhängig davon, ob es sich um ein explizit auf Zuschauerpartizipation angelegtes Format handelt oder nicht. »Der Zuschauer ist als Sinnstifter (...) immer integraler Bestandteil des sozialen Systems Theater.« (ebd.: 41).

Im Sinne von Watzlawick ist der *Zuschauer* jemand, der ein erweitertes Verstehen als (Neu-)Konstitution von Wirklichkeit bewusst vollziehen kann. Unter dieser Voraussetzung wird die Vielschichtigkeit der Theatersituation dahingehend befragt, was es bedeutet, wenn junge Menschen ihre Version von Wirklichkeit in die theatrale Kommunikation einbringen.

Kann die Theatersituation als Bestandteil sozialer Praxis anderes enthalten als eine Spielwiese für die probeweise Übernahme von Rollen und mehr sein als eine Gestaltungserfahrung, gleichwohl beide für die Pädagogik relevant sind? Hier wird in den Fokus gerückt, dass Handlungen im sozialen Feld der (Theater-)Kunst Teil von praktizierter Demokratie sein können.

Als Ausgangspunkt des Nachdenkens wird eine Arbeit beschrieben und analysiert, die zwischen biografischer Ebene und sozialen Bezügen changiert.[48]

48 Diese Arbeit ist mir auch deshalb gut bekannt, weil sie im Kontext meiner Lehre am *Institut für Performative Künste und Bildung* der *Hochschule für Bildende Künste Braunschweig* als künstlerische Abschlussarbeit entstanden ist.

3.1 Carla Maria vom Hoff: ›Eselssöhne‹

Das Stück ›Eselssöhne‹ thematisiert Migration und ihre Folgen am Beispiel zweier Biografien.

Getragen wird die Aufführung von zwei Personen, Kyra Mevert und Feridun Öztoprak. Die beiden jungen Performer*innen treten von Beginn des Stücks an nicht als *Experten*[49] einer türkisch-deutsch geprägten Lebensform auf, sondern als türkisch-deutsch Werdende. In dieser Zwischenposition, im Changieren zwischen verschiedenen Kulturen und Sprachen sowie im Jonglieren mit Zuschreibungen, denen sie sich ausgesetzt sehen, erweisen sie sich allerdings als Expert*innen.

Dieses Expertentum zeigt die Arbeit ›Eselssöhne‹ der Regisseurin Carla Maria vom Hoff nicht nur auf, sie treibt es in der Zusammenarbeit mit ihren beiden Performer*innen aktiv voran und macht so die Konstruktion von sozialer Zugehörigkeit auf der Bühne sichtbar.

Kyra Mevert hat einen türkischen Vater, den sie seit ihrem achten Lebensjahr nicht mehr gesehen hat. Sie beherrscht seine Sprache nicht, wird aber aufgrund ihres Aussehens immer wieder völlig selbstverständlich auf Türkisch angesprochen. Das Stück zeigt Fragmente ihres Sprachenlernens und damit ihre Annäherung an diesen Teil ihrer Biografie.

Feridun Öztoprak ist der Sohn türkischer Einwanderer. Er war im Kindergartenalter, als er mit seiner Familie nach Deutschland kam. Feridun erzählt von einem Erwachsenwerden zwischen Überidentifikation und Ablehnung türkisch geprägter Lebensformen. Den Bart lässt er sich während der Proben zum Stück erstmals stehen. In seinem bisherigen Alltag wollte er nicht in die Gefahr geraten, in eine religiös-fundamentalistische Ecke gestellt zu werden. Auf der Bühne rasiert er ihn sich wieder ab, vollzieht im Verlauf der 12 Aufführungen immer wieder den Wechsel zwischen Bartträger und »bartlosem Hipster«, wie er von seiner Mitspielerin spaßhaft tituliert wird. Dieser Vorgang steht beispielhaft für einen sich entwickelnden spielerischen Umgang mit verschiedenen kulturellen Identifikationsmöglichkeiten – in der theatralen und der sozialen Wirklichkeit des Protagonisten.

49 Der Begriff *Experten* wurde von dem Performancekollektiv *Rimini Protokoll* geprägt (vgl. Dreysse/Malzacher/Lehmann 2007).

Die Idee zum Stücktitel geht auf ein erstes Interview zurück, das die Regisseurin mit Feridun Öztoprak zu Beginn der Probenarbeit führte. Befragt nach den Besonderheiten der türkischen Sprache, verwies er auf das bildhaft Symbolische. Als Beispiel diente ihm *eşek oğlu eşek*, was in der wörtlichen Übersetzung *Sohn eines Esels* heißt. Mit diesem zärtlich neckenden Begriff wird ein Kind bei einer Unaufmerksamkeit oder einem kleinen Fehler belegt. Aus *Sohn eines Esels* wurden für das Stück (die auf alle Geschlechter zu beziehenden) ›Eselssöhne‹. Die Redewendung charakterisiert hier die Missverständnisse, Merkwürdigkeiten, Fehler und Fehlleistungen im Subjekt wie in der sozialen Begegnung, die sich im Aufwachsen zwischen verschiedenen Kulturen ergeben können.

›Eselssöhne‹ thematisiert die biografischen Aspekte der Protagonist*innen auf verschiedenen Ebenen, zeigt den Bezug zu sozialen Erfahrungen, auch zu den Zumutungen, und öffnet gleichzeitig Handlungsspielräume. Dies wird durch eine Vielzahl und eine Vielschichtigkeit von kulturell zu verankernden Anknüpfungspunkten erreicht.

Die Performer*innen übernehmen keine Rollen, sondern kontextualisieren ihre Geschichten und Lebenssituationen für die Bühne. Mit der Regisseurin haben sie Handlungs- und Erzählformen gefunden, die ihre Erfahrungen und ihre Haltungen beispielhaft werden lassen und zugänglich machen für die theatrale Kommunikation.

Das Stück setzt sich zusammen aus verschiedenen Text- und Spielfragmenten, die ohne besonderen Schauspielergestus und in Alltagskleidung aus- und vorgeführt werden. Da sind zunächst die schon erwähnten Alltagshandlungen. Es werden auf der Bühne ein Bart abrasiert, die türkische Sprache gelernt und eine Schüssel Bulgursalat zubereitet. Der Salat ist am Ende der Aufführung fertig, der Bart tatsächlich ab, nur die Sprache, die bleibt noch unperfekt.

Auf der leeren Bühne befinden sich nur die notwendigsten Requisiten: zwei Tische, auf denen gekocht wird, zwei durch Rollen bewegliche und variabel einsetzbare Drehstühle, ein Mikrofon am seitlichen Bühnenrand. Den roten Faden bilden sich in Variationen wiederholende, regelbasierte, also nicht vorab festgelegte Spielteile, in denen die Performer*innen mit gegenseitigen Zuschreibungen spielen und mit solchen, die sie wiederum dem Publikum attestieren. »Du bist Türke.« »Du bist ein Mensch mit Mutationshintergrund.« »Du bist ein Orientexpress mit eingebautem Gemüseabteil.« »Du bist Träger einer hybriden Identität.« Oder zum Publikum: »Ihr denkt, wir machen Bildungstheater.« »Du denkst, die sprechen aber gut Deutsch.« »Ihr denkt, was zum Teufel ist eigentlich eine hybride Identität?«[50] usw.

Es dominieren die biografischen Erzählungen, es gibt aber auch eine kleine Spielszene, in der die Performer*innen vermeintlich typisch deutsches bzw. türkisches Verhalten persiflieren, eine verbale Choreografie, gebildet aus Vorurteilen. In die Aufführung eingefügt sind Romanfragmente, Tagebucheintragungen, Gesprächsnotizen und wissenschaftliche Abhandlungen. Poetische Texte und Lieder in beiden Sprachen stehen neben Sachtexten, die beispielsweise die Ausbildung von stereotypen Zuschreibungen thematisieren. Alle Spielteile sind eingebettet in die oben genannten Handlungsvollzüge.

Die verschiedenen Teile der Aufführung sind ebenso fragmentarisch und in sich widersprüchlich wie die Biografien, von denen die Rede ist. Selbstaussagen von Kyra Mevert und Feridun Öztoprak werden ergänzt durch solche, die aus Recherchen gewonnen wurden. Die von Feridun angeleiteten Sprachlernversuche von Kyra werden in Reflexionen über Sprachkulturen eingebettet. Neben Feinsinnigem und Augenzwinkerndem werden auch gängige Klischees und Vorurteile nicht ausgespart. Hier wird im Zeitraffer vorgeführt, in welchen Bezügen und Horizonten sich die Bilder entwickeln, die wir uns voneinander machen und die unser vor-bewusstes soziales Handeln bei der Herstellung von Wirklichkeit(en) mitbestimmen.

Die Aufführung jedoch destabilisiert die Bilder und Eindeutigkeiten in den Zuschreibungen, von denen sie erzählt und die sie auch selbst aufbaut, immer wieder auf Basis unterschiedlicher Verfahren. Hier ist die Montagetechnik zu nennen, durch die Mehrperspektivität und Widersprüchliches auf der inhaltlichen wie auch formalen Ebene erreicht werden. Da gibt es zudem Ironisierungen. So wird der Bulgursalat anhand einer eingespielten Fernsehkochshow zubereitet, die von einer Hausfrau nicht *türkischer* oder allgemein *deutscher*, sondern explizit *schwäbischer* Herkunft angeleitet wird. Da gibt es die Kommentare während der Bartrasur von Feridun Öztoprak, der sich vom »Türken mit Vollbart« über einen »Südamerikaner mit Kinnbart« zu einem »Franzosen mit Schnauzer« und zuletzt dann zu einem »lupenreinen, glattrasierten Deutschen« wandelt. Oder den Text aus einer über die beiden Performer*innen hinausgehenden Interviewrecherche: »Ich bin Frau Ü. Ich war in der Schule erst recht die Türkin, die mit ungekämmten Haaren rumpöbelte. Und trotzdem haben mich meine Lehrer geliebt, ich glaube, weil sie mich retten wollten, sie wollten mir helfen, ein besserer Mensch zu werden.«

50 Alle Stückzitate entstammen einem unveröffentlichten Mitschnitt der Aufführung aus dem Jahr 2014.

In all dem zeigt sich die spielerische Konstruktion von Subjekt- und Lebensformen, die in ihren vielfachen Bezügen Uneindeutigkeiten enthält, für Amüsement sorgt, Verwirrung stiftet und Verschiebungen vornimmt. Die Aufführung bringt so permanent gängige Einordnungen ins Wanken und die Schubladen und Vorurteile, mit denen sie selbst arbeitet, sogleich wieder durcheinander. Man kann dies als kommunikative *Einübung* in Differenzsensibilität kennzeichnen (Kleve/Koch/Müller 2003). Dazu gehört, dass die Aufführung zwischen biografischen Erzählungen, Alltagshandlungen und einer Fülle an sozialen Bezügen changiert, in denen die Geschichten der Protagonist*innen zu sehen sind. So wird sichtbar und erfahrbar gemacht, dass es weder in der außertheatralen Wirklichkeit noch im Theater selbst die *eine Erzählung*, die *eine Lebensgeschichte*, die *eine Wirklichkeit* gibt. Wirklichkeit ergibt sich, so eine der Stückaussagen, ganz offensichtlich nicht zuletzt daraus, wer sie wie erzählt – und wer die Sprach- bzw. Definitionsmacht hat.

Der Philosoph Norbert Meuter bringt die wirklichkeitsstiftende Bedeutung von Erzählungen auf den Punkt, wenn er schreibt: »Im narrativen Modus werden Ereignisse als Elemente einer Geschichte erfasst, zu deren Entwicklung sie beitragen.« (Meuter in Jaeger/Straub 2004: 141). In seiner Analyse des kulturellen Stellenwerts von Erzählungen bezieht sich Meuter auf die Mimesistheorie von Paul Ricœur, die dieser anhand literarischer Beispiele entwickelt hat, die aber auch für andere Kunstformen relevant ist. Ricœur unterscheidet zwischen Mimesis I, die sich unmittelbar auf Lebenswelt bezieht, insofern sich schon Alltagshandeln in Geschichten, also narrativ vollzieht. Mimesis II steht in der künstlerisch verdichteten Erzählung im Zentrum. Hier wird »eine neue und eigenständige Perspektive auf Wirklichkeit erzeugt, die dabei jedoch stets auch an etwas, was diesem Prozess voraus liegt, anschließen muss.« (ebd.: 143). Hierin sind die Bezüge zwischen Alltagshandeln und theatraler Praxis berührt.

Für die am Anfang dieses Kapitels gestellte Frage, was es bedeuten kann, wenn Menschen ihre Version von Wirklichkeit in die theatrale Kommunikation einbringen, ist die Handlungsebene von Mimesis III bedeutsam. In ihr geht es um die Rezeption, um die kulturelle Handlung des Schauens, also um die Zuschauer. Meuter schreibt: »Über die Rezeption tritt die explizit narrative Konfiguration wieder in die Lebenswelt des erlebenden und handelnden Rezipienten ein und kann die hier pränarrativ angelegten Strukturen fortführen und stabilisieren, aber auch variieren.« (ebd.).

Im Stück ›Eselssöhne‹ werden zunächst soziale Erfahrungen in Form von biografischen Erzählungen in die Wirklichkeit des Theaters hineingetragen. In der theatralen Praxis vollzieht sich durch die Auswahl und Bearbeitung eine Zuspitzung des Materials, durch die Anreicherung mit weiterem Recherchematerial eine Ausdifferenzierung und Ausdeutung der biografischen Erzählungen. So entsteht eine künstlerisch verdichtete Narration, die wiederum subjektiv erfahrbare theatrale Wirklichkeiten konstituiert. Hier verbinden sich alle drei Weisen der Mimesis, so dass in den vielschichtigen sozialen Bezügen Wirklichkeit als *theatral konstruierte*, künstlerisch wie sozial relevante Erzählung erfahrbar werden kann.

Dass die biografisch-soziale Erzählung im Theater nach ca. 50 Minuten Aufführungsdauer einen Abschluss erfährt, grundsätzlich aber unabschließbar ist, wird sinnfällig an Kyras Sprachlernversuchen. Während Feriduns Bart schnell verändert und schließlich abrasiert ist, der Bulgursalat fertig zubereitet, scheitert Kyra auf der Bühne an dem rollenden R der türkischen Sprache.[51] Sie wird ihre Versuche in der sozialen Wirklichkeit fortsetzen und in den neu gewonnenen Kommunikationsmöglichkeiten vielleicht Material für eine neue theatrale Erzählung finden.

Die Aufführung ›Eselssöhne‹ verschränkt theatrale und außertheatrale Wirklichkeit in spezifischer Weise. In welcher Theatertradition steht dieser Ansatz? Welche Relevanz kann er für das Amateurtheater in Bildungszusammenhängen gewinnen?

51 Dieses *R* kennt in Deutschland beispielsweise auch das Sorbische, das Oberpfälzische, Fränkische, Vogtländische oder manch anderer Dialekt, manches Plattdeutsch, aber nicht der Braunschweiger Zungenschlag.

3.2 Zum Verhältnis von theatraler Handlung und sozialer Wirklichkeit oder: Wie politisch kann, soll und darf die Theaterpädagogik sein?

Der Ausgangspunkt

Auf eine völlig neue, bis heute wirksame Weise hat der Regisseur Erwin Piscator zu Beginn des 20. Jahrhunderts die soziale Wirklichkeit in das Theater hineingeholt. Er arbeitete in seine Stücke Projektionen von Filmen und Fotografien, Zeitungsausschnitten und Plakaten ein, die ganz direkt den politischen und sozialen Auseinandersetzungen aus der Zeit der Weimarer Republik entnommen waren. Als Projektionen wurden sie Teil des Theatergeschehens.

Diese direkten Bezüge auf die außertheatrale Realität dienten in Piscators explizit politischem Theater der Aufklärung und der Agitation. Als Teil einer radikal neuen Theaterästhetik begründeten sie aber auch ein verändertes Verhältnis zwischen theatraler und sozialer Realität, was in einem Zeitdokument aus der Zuschauerperspektive deutlich wird. DIE ROTE FAHNE, Zentralorgan der Kommunistischen Partei Deutschlands, schrieb am 12. April 1921: »Das ist das grundlegend Neue an diesem Theater, daß Spiel und Wirklichkeit in einer ganz sonderbaren Weise ineinander übergehen. Du weißt oft nicht, ob du im Theater oder in einer Versammlung bist, du meinst, du müßtest eingreifen und helfen, du müßtest Zwischenrufe machen. Die Grenze zwischen Spiel und Wirklichkeit verwischt sich ... Das Publikum fühlt, daß es hier einen Blick in das wirkliche Leben getan hat, daß es Zuschauer nicht eines Theaterstücks, sondern eines Stücks wirklichen Lebens ist ... .« (Goertz 1995: 33). Piscator hatte es darauf abgesehen, mit seinem Theater direkt in politische Auseinandersetzungen einzugreifen, beispielsweise in Arbeiterstreiks oder den Kampf um die Abschaffung des Abtreibungsparagraphen 218. Es wurde Politik gemacht mit den Mitteln des Theaters.

Für den hier entwickelten Denkzusammenhang steht aber nicht so sehr im Fokus, dass eine neue Form von politischem Theater entstand, sondern dass der Übergang zwischen theatraler und außertheatraler Realität *künstlerisch gestaltet* wurde. In seinen politischen Zielsetzungen war das Theater Piscators von einem hohen Form- und Gestaltungswillen getragen, bei dem die multimediale Vermittlung eine nicht unerhebliche Rolle spielte. Dass Zuschauer sich so vorkommen konnten wie im *wirklichen Leben*, ist einer theatralen Inszenierung geschuldet, in der neben den neu entwickelten technischen Möglichkeiten von Film- und anderen Projektionen Simultanbühnen und Laufbänder zum Einsatz kamen, mit Montageformen experimentiert wurde und Formen von Populärkultur in Klassikerinszenierungen eingearbeitet wurden.[52] Das klingt überraschend aktuell und tatsächlich zieht sich eine Linie von Piscator über Brecht, das LIVING THEATRE, FLUXUS, die PERFORMANCE ART bis hin zu aktuellen Formen des Dokumentartheaters wie das Hans-Werner Kroesingers oder zu zeitgenössischen Performancegruppen wie GOB SQUAD, um nur einige Beispiele zu nennen. Ihnen ist bei aller künstlerischer Unterschiedlichkeit das immer neue Austarieren des Verhältnisses von theatraler und außertheatraler Wirklichkeit gemeinsam.

Die Schnittstelle zwischen Kunst und Lebenswelt[53] explizit aufzusuchen und das Politische künstlerischen Handelns zu thematisieren ist, wenn auch nicht unumstrittener, so doch nicht mehr wegzudenkender Teil des künstlerischen Diskurses, seit Joseph Beuys in den 60er-Jahren für einen ERWEITERTEN KUNSTBEGRIFF in Praxis und Theorie gestritten hat. In seinem die Bereiche von Pädagogik, Popkultur, Denken, Esoterik u. a. m umfassenden Ansatz einer SOZIALEN PLASTIK wird die künstlerisch-kreative Gestaltungsfähigkeit des Menschen als Ausgangspunkt für politische Erneuerungsprozesse verstanden (vgl. Gronau 2010: 41–58 und Oman 1998). Musste sich Piscator noch mit Kritikern aus den Reihen der KPD auseinandersetzen, die einem bürgerlichen Kunstbegriff anhingen und seine Arbeiten als »platteste Propagandamachwerke« (zit. nach Simhandl 1996: 239) diskreditierten, so versteht sich Kunst spätestens seit den 70er-Jahren des 20. Jahrhunderts als selbstverständlich relevant für gesellschaftliche Prozesse. Künstlergruppen wie WOCHENKLAUSUR[54] oder das ZENTRUM FÜR POLITISCHE SCHÖNHEIT[55] sehen ihre künstlerische Arbeit explizit als Politik (vgl. Ruch in Besand 2012: 93–103).

Das veränderte Selbstverständnis von Künstlern, die sich mit ihrer Kunst gesellschaftlich verorten, verändert neben den Inhalten auch Formen und Formate. Dies lässt sich für das Theater bereits am Beispiel von Piscator deutlich machen.

52 So z. B. eine Jazzversion der *Internationalen* in Schillers *Räuber* (vgl. Simhandl 1996: 241).

53 Lebenswelt wird hier als die Welt verstanden, die sich ein Subjekt aneignet, die es wahrnimmt, erlebt, auch gestaltet, in der es (oftmals selbstverständlich) handelt, die aber noch keine künstlerische oder wissenschaftliche Verdichtung und Reflexion erfahren hat (vgl. Schütz/Luckmann 1994).

54 Vgl. http://www.wochenklausur.at/methode.php?lang=de (eingesehen am 19. 04. 2017).

55 Vgl. http://www.politicalbeauty.de/ (eingesehen am 19. 04. 2017).

Hieraus ergeben sich Fragen an die Theaterpädagogik. Auch hier sind, parallel zum Berufstheater, auf das soziale Leben bezogene Inhalte und Formen relevant geworden. Ist damit, in Abhängigkeit von der jeweiligen künstlerischen Ausformung, schon die soziale Relevanz von theaterpädagogischen Projekten bewiesen? Oder ist diese Arbeit als künstlerisch-pädagogische per se sozial relevant? Ist sie unter bestimmten Umständen sogar als politisch einzustufen?

Diesen Fragen wird im Folgenden unter Bezugnahme auf die Konzepte von Performativität und Subjektkulturen nachgegangen, die Theater als ein soziales Handlungsfeld neben anderen begreifen. Hieraus lassen sich Schlussfolgerungen für die Theaterpädagogik ziehen.

Theatrale Handlung als soziale Praxis

Die Performerin und Theaterwissenschaftlerin Annemarie Matzke zitiert Brecht mit den Worten: »Die Theaterleute üben einfach im Theater ihr Gewerbe aus, so wie Bäcker das ihre in der Bäckerei ausüben.« Matzke schlussfolgert somit im Sinne Brechts: »Das Kunstmachen wird zur anthropologischen Konstante: der Mensch muss Kunst produzieren genauso wie Lebensmittel.« (Matzke 2012: 10).

Eine parallele Grundhaltung kennzeichnet die UN-Kinderrechtskonvention, die im Artikel 31 das Recht von Heranwachsenden auf künstlerische Betätigung festschreibt.[56] Die Bedeutung dieses verbrieften Rechtes wird üblicherweise so interpretiert, dass es hier um den auf das Kind bezogenen Anspruch auf Beteiligung geht. Also um das Recht auf Partizipation von Kindern an Kunst und Kultur einer Gesellschaft. Diese Argumentation möchte ich umdrehen. Ich betone die Relevanz künstlerischer Betätigung von Kindern und Jugendlichen für eine demokratisch verfasste Gesellschaft. Diese kann nicht darauf verzichten, so meine These, für alle Kinder und Jugendlichen Zugangsmöglichkeiten zu aktiver Theaterarbeit bereitzustellen.[57]

Hintergrund ist ein Verständnis von Theater als sozialer Praxis. Die These wird gestützt von einer Kunst, für die die Frage nach dem autonomen Charakter keine relevante Rolle mehr spielt. Zudem von Theoriepositionen, in denen der besondere Status von Kunst in einer Gesellschaft ein spezifisches Involviertsein erst ermöglicht (vgl. Rebentisch 2006).

56 Vgl. https://www.kinderrechtskonvention.info/ (eingesehen am 19.04.2017).

57 Vgl. hierzu auch Kapitel IV.2, *Handeln im Raumbezug Performativer Künste*.

Indem Kunst als ein nicht zweckorientierter, offener Raum zu verstehen ist, der in der künstlerischen Auseinandersetzung erst mit Bedeutung gefüllt wird, werden eigenwillige Positionierungen gegenüber anderen sozialen Feldern einer Gesellschaft möglich. Dabei sind es weniger die Inhalte als vielmehr die offenen, an keinen bestimmten Zweck gebundenen Gestaltungsräume, aus denen der Kunst per se eine sozial relevante Funktion erwächst.

Wollte Piscator über den Film politische Wirklichkeit auf die Bühne holen, wollten Künstler*innen des Dadaismus, um ein weiteres Beispiel aus der ersten Hälfte des 20. Jahrhunderts zu nennen, durch Provokation dem Kokon eines autonomen Kunstverständnisses entkommen, so öffnet sich die Theaterpraxis heute selbstverständlich mit Bürgerbühnen, Projekten an Schulen oder in Stadtteilen in verschiedene soziale Felder hinein. Hier geht es nicht länger um die Überwindung einer Grenze. Die Besonderheit des Künstlerischen begründet vielmehr eine eigene Handlungsmacht. Die Kunsthistorikerin Dorothea von Hantelmann schreibt: »Über Konventionen ist das Kunstwerk in eine Realität eingefasst, die es mit hervorbringt und die es infolgedessen auch mit gestalten kann.« (von Hantelmann 2007: 9). Auf Basis von künstlerisch geprägter Denk- und Arbeitsweise und von künstlerischen Ausdrucksformen werden soziale Realitäten neu betrachtet und praktiziert. Dies wirkt wiederum in die Institution Theater zurück.[58]

Theoretisch zu fassen ist diese Entwicklung mit dem Konzept des Performativen, das jedwede Äußerung unter dem Aspekt ihres Handlungscharakters untersucht.[59] Zur Frage des Verhältnisses zwischen Kunst und anderen gesellschaftlichen Praxisfeldern verweise ich auf den Soziologen und Kulturwissenschaftler Andreas Reckwitz. Die soziale Differenzierung, »in der sich spezialisierte Verhaltenskomplexe – wie jene des Ökonomischen, des Staatlich-Politischen, des Familiären, des Künstlerischen etc. – voneinander unterscheiden« (Reckwitz 2012: 51), sieht er als grundlegend für moderne Gesellschaften an. Die Grenzziehung wie auch den Zusammenhang zwischen diesen spezialisierten Praxiskomplexen bezeichnet er jedoch als offene Frage. Genau solche Grenzen wie auch Verbindungen und Übergänge lotet die Theaterkunst aus. Als Kunst der Sprache, der Bewegung, der Geste, des Körpers, des Raumes usw. thematisiert sie sie auf

58 Dies zeigt sich beispielsweise in neuen Theaterformaten an etablierten Häusern, an der Existenz von Ensembles, die entsprechend der Diversität einer Gesellschaft zusammengesetzt sind, der Zunahme von Jugendclubs und nicht zuletzt an der zunehmenden Relevanz der theaterpädagogischen Abteilungen fast aller Stadt- und Staatstheater.

59 Die Diskussion, ob denn Performances auf dem Theater als ernsthaft und damit als Handlungen zu werten seien (vgl. Wirth 2002: 17 – 21), ist angesichts des Verständnisses von ästhetischen als gesellschaftlichen Bewegungen obsolet.

der Ebene des Subjekts. Indem die Theaterkunst selbst permanent diagonal zu verschiedenen sozialen Feldern, in ihnen dominanten Praxisformen und Subjektpositionen agiert, konstituiert sie zudem in Grenzüberschreitungen, Verdichtungen, Verschiebungen, Pointierungen oder Montagen eigene Wirklichkeiten. Das Theater zeigt sich somit als ein Spiel-Raum sozialer Realitäten und Differenzierungen. Dabei verweist es in seinem spezifischen Zeichensystem und besonderen Regelwerk beständig auf die außertheatrale Wirklichkeit und nimmt dabei auch Widersprüchliches, Heterogenes, Ungleichzeitiges und Unfertiges in sich auf. Aus ihrem Verweischarakter bezieht die Theaterkunst einen Teil ihrer Handlungsmacht. Künstlerische Praxis kann zudem ganz direkt in andere Bereiche intervenieren, insofern mit Regeln und Zeichensystemen *feldfremd* gearbeitet werden kann. Hier ist beispielsweise auf ein Projekt des Deutschen Schauspielhauses Hamburg zu verweisen, für das der Künstler Björn Bicker zwei Jahre lang im traditionellen und aktuellen Aus- und Zuwandererstadtteil Veddel recherchierte und künstlerisch intervenierte. Unter dem Titel ›New Hamburg‹[60] werden hier neue Formen des sozialen Miteinanders erprobt.

Welchen Stellenwert kann nun das Theater als soziales Handlungsfeld in der Arbeit mit jungen Menschen gewinnen? Theaterlehrer wie jugendliche Performer bewegen sich in einem dem Berufstheater vergleichbar komplexen Handlungsfeld. Wie im vorangegangen Kapitel ›Performative Praxis als eine Praxis der Freiheit?‹ ausgeführt, stellt auch die ästhetische Bildung in ihrer möglichen Bedeutung als Selbstsorge (Foucault) eine *gesellschaftliche* Praxis dar, die eine Widerständigkeit gegen Normierungsprozesse und damit vorab festgelegte Bildungsziele bewahren kann.[61] Hier soll aber aus einer anderen Perspektive argumentiert werden.

Ins Zentrum der Überlegungen wird die Bedeutung des kulturellen Erfindungsreichtums und der künstlerisch geprägten Positionierung der heranwachsenden Generation gestellt. Im Theater kann sichtbar werden, wie sich junge Menschen zu Geschichte, Kultur, Politik und sozialem Leben ins Verhältnis setzen. Hierfür werden in der theaterpädagogischen Arbeit mal offene, mal auf einen Aspekt zugespitzte Forschungsaufgaben zur Beobachtung sozialer Strukturen entwickelt. Sie laufen auf eine künstlerische Positionierung zu, die subjektive Blicke auf Lebensrealität zeigt. Findet eine Arbeit hierfür eine ästhetische Form, geht es nicht um ein Stück zugeteilter Partizipation, sondern um umfassende gesellschaftliche

60 Vgl. http://new-hamburg.de/wp/ (eingesehen am 19.04.2017).

61 Zur Theaterarbeit als *Sorge um sich selbst* vgl. Kapitel III.2, *Performative Praxis als eine Praxis der Freiheit?*.

Teilhabe.[62] Dann müssen Theaterarbeiten in pädagogischen Kontexten keine explizit politische Thematik haben, um eine soziale, vielleicht sogar politische Relevanz zu gewinnen. In ihrem spielerischen Zugriff auf soziale Wirklichkeiten kann Kunst die Perspektiven junger Menschen öffentlich machen und zur Diskussion stellen.

Welche Relevanz dieser Vorgang besitzt, hängt allerdings auch davon ab, wie eine Gesellschaft auf diese Arbeiten blickt und sie als *neue Erzählungen* von Wirklichkeit versteht. Der Soziologe Dirk Baecker formuliert: »Manchmal ist der Tanz [ich ergänze das Theater] die bessere Soziologie. Denn er kann nicht nur Beobachtungen sozialer Strukturen auf den Punkt bringen, sondern zugleich darauf reflektieren, wer da eigentlich aus welcher Position beobachtet.« (Baecker 2013: 61). Forschende Anteile in Form von Rechercheaufgaben sind pädagogisch wertvoll, weil sie eine vertiefte Kenntnis sozialer, historischer oder gesellschaftlicher Phänomene ermöglichen. Sie sind es aber vor allem auch, weil sie neue Perspektiven auf die Forschenden werfen, deren Sicht auf soziale Realität immer mit befragt wird.

Das Theater spielt mit Fragmenten und Zeichen der Realität, verschiebt und verfremdet sie, strukturiert sie neu, durchbricht vertraute Wahrnehmungsmuster und gibt den Blick frei auf unbekannte Perspektiven und fremde Lebenswelten. Es verhilft dem Publikum auf diese Weise zu Erfahrungen und Sichtweisen, die es außerhalb des Theaters nicht machen oder entwickeln könnte (vgl. Brandstätter 2008: 70–72). Möglich wird die Verhandlung von Sichtweisen einer anderen Generation, eines anderen sozialen, biografischen, kulturellen oder sonst wie fremden Erfahrungsraumes. Diese können als wichtiger Beitrag zu einer demokratischen Streitkultur aufgenommen werden.[63]

62 So könnte ein Spiral-Curriculum, das jedem Kind auf jeder Entwicklungsstufe jeden Lehr- und Lerngegenstand in einer altersgemäßen Form zur theatralen Aneignung bereitstellt, soziale Kraft erlangen.

63 Vgl. hierzu auch Kapitel IV. 3, *Handeln im Demokratiebezug Performativer Künste*.

3.3 ›Eselssöhne‹: Biografische Erzählungen und ihre Kontextualisierung

Die Aufführung ›Eselssöhne‹ wird getragen von den speziellen Biografien der Performer*innen. Ihren Geschichten folgen die Zuschauer, sie binden die Fragmente des Stücks thematisch und inhaltlich zusammen und bilden einen dramaturgischen Bogen, in dem die Erzählungen sich im Stückverlauf nach und nach vervollständigen. Im Zentrum des Stücks steht dennoch nicht die biografische Narration, sondern die spielerische Herstellung von Subjektformen und die Sichtbarmachung ihrer sozialen Gebundenheit. So wird denn auch der biografische Hintergrund der beiden Performer*innen erst in der 20. Minute des Stücks erstmals explizit offengelegt. In dieser Regieentscheidung zeigt sich, dass die Kontextualisierung der Biografien Teil des künstlerischen Konzepts war. Für wie relevant dies vom Publikum angesehen wurde, macht die Erfolgsgeschichte der Inszenierung deutlich.

2012 als künstlerische Abschlussarbeit von Carla Maria vom Hoff am Institut für Performative Künste und Bildung der Hochschule für Bildende Künste Braunschweig entstanden, wurde das Stück bis 2014 immer wieder neu aufgenommen, auf Festivals eingeladen und an verschiedenen Häusern in Braunschweig und anderen Teilen der Republik gezeigt. Das Team hat dann trotz weiterer Einladungen die Absetzung beschlossen, weil es zunehmend schwierig wurde, die im Moment der Aufführung immer wieder neu entwickelten performativen Teile lebendig zu halten. Zudem war das Stück bezogen auf eine bestimmte Lebensphase: die junger Erwachsener.

Die Regisseurin hat, so lässt sich sagen, die richtigen Leute zum richtigen Zeitpunkt gefragt, ob sie sich eine solche theatrale Auseinandersetzung vorstellen können. Tatsächlich war die Entscheidung für diese beiden Performer*innen stückentscheidend, doch hätte ›Eselssöhne‹ mit anderen Spieler*innen ebenso realisiert werden können. Es wäre dann allerdings ein anderes Stück geworden. Es ist hier also nicht nur eine künstlerische Qualität im Changieren zwischen Textsorten, Spielweisen und Wirklichkeitsebenen gefunden worden, sondern auch ein theaterpädagogischer Balanceakt gelungen zwischen Spielerbezug und einer Ebene, die über die Spieler hinausgeht.

Voraussetzung hierfür ist eine Konstellation, in der es eine Regieposition, einen Theaterpädagogen oder einen Künstler gibt, der diese Bezüge herstellen und austarieren kann. Ebenso entscheidend ist eine kollektive Arbeitsweise. Diese ist Basis der Improvisationen zur Generierung von biografischem Material und der Entscheidung darüber, was davon Eingang in das Stück finden soll. Aber auch Recherchen und Experimente mit Spiel- und Textformen basieren auf einer breiten Beteiligung, die es den Spielern erst möglich macht, die eigene Biografie als Material zu begreifen, das in vielfältigen sozialen Bezügen steht. Aus der Kontextualisierung bezieht eine Arbeit eine gewisse Tiefe und inhaltliche Qualität. Aus ihr kann aber auch eine leichte, spielerische Ebene gewonnen werden, welche die eigene Geschichte in ein Verhältnis zu anderen setzt. Hierdurch ist es den Performer*innen möglich, die eigene Biografie in einer Schwebe zu halten und die durch die sozialen Bezüge offengelegten *Vielheiten* der eigenen Existenz zum Gegenstand des Stücks zu machen. So reflektiert Kyra Mevert ihre Begegnungen im Transitraum eines Flughafens auf dem Weg in die Türkei: »Es ist 22:45 Uhr, ich sitze am B 205 und warte auf meinen Check-in. Um mich herum türkische Familien. ... Es gibt türkische Kinder. Jungen und Mädchen. Letzteren sehe ich genau in die Augen. Bin ich da irgendwo versteckt?« Und Feridun Öztoprak beendet das Stück mit den Worten: »Wenn ich keinen Bock habe, meinen Namen zu buchstabieren, dann bin ich einfach Ferdinand Osterberg.«

Die soziale Relevanz realisiert sich im thematisierten Kontext der verhandelten Biografien. Wird der Theaterraum von jungen Menschen bespielt, so werden für die Zuschauer nicht nur ausgewählte biografische Aspekte erfahrbar, sondern auch der ihnen vielleicht fremde Blick auf Geschichte, Kultur und das soziale Umfeld. Die jungen Menschen sind es dann, die den offenen Bedeutungsraum der Kunst mit ihren Stimmen füllen. Sie gestalten ihre Sicht auf soziale Realität, machen sie öffentlich und treten so in die gesellschaftliche Kommunikation ein. Dabei sind sie nicht, wie in manchen Jugendstudien, Objekt der Forschung, sondern selbst Forscher und *Bedeutungsfinder*.

Um relevant zu werden, muss sich die von jungen Menschen gestaltete theatrale Kommunikation keineswegs in einem explizit biografischen Format vollziehen. Wohl aber müssen die Inhalte wie auch die gewählte Form biografisch oder in anderer Weise subjektiv begründbar sein. Die auf die Teilnehmer einer solchen Arbeit bezogenen und von ihnen entwickelten Begründungen brauchen als solche nicht zwangsläufig thematisiert zu werden, schon gar nicht personell zuordenbar, um in einer Präsentation oder einem künstlerischen Ereignis mitschwingen zu können.

Ob die Kommunikation im Theaterraum im beschriebenen Sinne gelingt, hängt dann von einer Ästhetik ab, die sich im Changieren zwischen verschiedenen Wirklichkeitsebenen und Erfahrungsräumen vollzieht (Hilliger 2015: 4–8).

Um zu zeigen, welch vielfältige Formen ein solches Changieren annehmen kann, sei noch auf ein anderes am Institut für Performative Künste und Bildung entwickeltes Stück verwiesen. Unter der Regie von Gudrun Herrbold erarbeiteten die Studierenden ihre Version von Heinrich von Kleists ›Das Käthchen von Heilbronn‹. Die Proben begannen mit der intensiven Lektüre des Kleist-Textes. Anschließend wurde mit den Textteilen gearbeitet, zu denen die Studierenden einen besonderen Bezug herstellen konnten, die sie bewunderten, faszinierten oder verstörten. Aus der intensiven Textlektüre entwickelt, fand in der Aufführung dann eine Konzentration auf das Thema *Leidenschaft* als einer lebensbestimmenden Emotion statt, die Zeit und (Sozial-)Raum übergreifend wirkt. Auch in dieser Erarbeitung gab es forschende Phasen von Recherche und Interviewtätigkeit, an denen alle beteiligt waren. Dies war keine didaktische, sondern eine künstlerische Entscheidung, insofern diese Arbeitsphasen die Grundlage für eine mehrstimmige, dramatische Rede bildeten. Sie fanden über Videoeinspielungen und atmosphärisch dichte Bewegungs- wie Klangelemente Eingang in die Inszenierung. Hier öffnete sich eine Wirklichkeit, die fremde, vergangene und eigene Leidenschaften in ihren Besonderheiten und ihrem Verbindenden offenlegte.

In der Konstitution von solcherart verdichtenden, zuspitzenden, provozierenden, ironisierenden theatralen Wirklichkeiten liegt die soziale Relevanz der Performativen Künste. In dieser Hinsicht macht es keinen Unterschied, ob es sich um eine Arbeit im Berufstheater oder in pädagogischen Zusammenhängen handelt, ob ein angereicherter dramatischer Text oder eine biografische Recherche die Grundlage bildet. Immer werden soziale Erfahrungen, Sichtweisen, Haltungen und Handlungen künstlerisch mit thematisiert und erfahrbar gemacht. In ihrem wirklichkeitskonstituierenden Charakter kann die Theatersituation über das theatrale Ereignis hinaus relevant werden, vorausgesetzt, sie öffnet den Performern wie Zuschauern Bedeutungsräume, die zwischen verschiedenen Wirklichkeitsebenen zu changieren vermögen.

3.4 Memos zur sozialen Relevanz performativer Projekte

Demokratiebezug

Demokratische Streitkultur etablieren statt Partizipationshäppchen.

Kunst als relevant für gesellschaftliche Prozesse verstehen.

Verschiedene soziale Räume künstlerisch thematisieren.

Ausgefallene, scheinbar abseitige Perspektivierungen zulassen.

Wirklichkeit im Plural denken.

Jedem (s)eine Stimme geben.

Sich in der Kunst des Changierens zwischen Welten üben.

Zuschauer als Sinnstifter verstehen.

Realitätsbezug

Anleitung und kollektive Arbeitsformen nicht als Widerspruch begreifen.

Kinder und Jugendliche als sozial und künstlerisch Forschende sehen.

Jede Stimme im Theaterraum ernst nehmen.

Auch mal *feldfremd* arbeiten.

Verschiedene Aussageebenen nebeneinander stehen lassen.

Über Montage, Collage und andere künstlerische Verfahren das Changieren als soziale Realität behaupten.

Den Begriff der Narration weit fassen.

Wirklichkeit auch als interessengeleitete Konstruktion verstehen.

Die Kunstform Theater als Spiel mit sozialen Realitäten und Differenzierungen ausreizen.

Die Bedeutung theatraler Gestaltung auch in der Wirklichkeitskonstitution suchen.

Kunstbezug

Bezüge zwischen theatraler und außertheatraler Wirklichkeit sichtbar machen.

Verschiedene Wirklichkeiten widersprüchlich und konfliktuell halten.

Diese künstlerische Herausforderung lustvoll annehmen.

Genaue Textarbeit und sozial-biografische Anreicherung als vereinbar ansehen.

Anreicherung von dramatischen Texten als Teil künstlerisch-pädagogischer Arbeit verstehen.

Theaterraum als bedeutungsoffenes Laboratorium etablieren.

Verbindungen und Übergänge zwischen sozialen Praxisfeldern künstlerisch erforschen.

Besonderheiten des künstlerischen Zeichensystems im sozialen Feld Theater ausloten.

Eigene Theaterarbeiten in den historischen, zeitgeschichtlichen Kontext einordnen.

Einfachheit im Ansatz und Komplexität in den Spielformen nicht scheuen.

Komplexität im Ansatz und Einfachheit in der Spielform auch als Möglichkeit sehen.

Narration als künstlerische Konstruktion von Wirklichkeit auf dem Theater stark machen.

Narrationen nicht als geschlossene Systeme begreifen.

Soziale Relevanz als eine ästhetische Kategorie neben anderen betrachten.

Wirklichkeit als plurale offenlegen.

Theatrale Verabredungen immer wieder neu ausreizen.

Montagetechnik als künstlerisches Mittel einsetzen und nicht als Verlegenheitslösung.

IV. Handlungsräume Performativer Künste

In der Praxis der Performativen Künste steht – auch unter pädagogischen Vorzeichen – das auf ein noch unbekanntes Ergebnis gerichtete gemeinsame Handeln aller Beteiligten im Zentrum. Mein Nachdenken über die Möglichkeit zu einer Didaktik der Performativen Künste ist entscheidend von dieser Grundsituation geprägt.

Nicht zufällig ist es die von dem Philosophen Jacques Rancière ins Spiel gebrachte Figur des ›unwissenden Lehrmeisters‹, auf die bei Fragen des Lehrens und Lernens im Handlungsraum der Performativen Künste immer wieder hingewiesen wird und von der auch ich ausgehen möchte (vgl. Deck in Drescher/Holtzhauer 2014: 54–62). Rancière nimmt Bezug auf die historische Figur des Joseph Jacotot, der zu Beginn des 19. Jahrhunderts zu weitreichenden lehrmethodischen Einsichten gelangt ist, die aus einem pädagogischen Notstand resultierten (Rancière 2009). An die Universität zu Löwen als Lehrbeauftragter für französische Literatur berufen, fand er dort Studenten vor, die der französischen Sprache nicht mächtig waren. Er wiederum beherrschte das Niederländische nicht. Von einer zweisprachigen Ausgabe des ›Die Abenteuer des Telemach‹ von François Fénelon ausgehend, forderte Jacotot seine Studenten auf, sich auf dieser Basis die französische Sprache durch eigene Verstehensleistung, Übung und Wiederholung anzueignen. Dies gelang ohne jede weitere Erklärung des Lehrenden.

Rancière denkt das von Jacotot entwickelte Bildungskonzept, das von grundsätzlich gleichen Intelligenzen ausgeht, weiter. Er wendet sich entschieden dagegen, die Welt in Wissende und Unwissende einzuteilen, denn dies stabilisiere Machtverhältnisse und diene der Verdummung, nicht der Emanzipation der Lernenden. Für eine Pädagogik, die von der »Opposition von Wissen und Unwissenheit« ausgehe, stehe in der Folge die Methodenfrage im Zentrum: »harte oder weiche Methoden, traditionelle oder moderne, passive oder aktive, deren Ertrag man vergleichen kann« (ebd.: 24). Bei Jacotot hingegen macht Rancière die *Lernbegründung* als zentralen Bezugspunkt aller – wenn man so will – didaktischen Überlegungen aus. »Das Kind, das die Wörter wiederholt, und der flämische Student, der in seinem *Telemach* ›verloren‹ ist, gehen nicht zufällig vor. All ihre Anstrengung, all ihre Erkundung ist darauf gerichtet: Eine menschliche Rede ist an sie gerichtet worden, die sie erkennen wollen und auf die sie antworten wollen, nicht als Schüler oder Gelehrte, sondern als Menschen; wie man jemandem antwortet, der zu einem spricht, und nicht jemandem, der einen prüft: unter dem Zeichen der Gleichheit.« (ebd.: 21). Lernen wird hier also als eine sinnvolle, sozial eingebettete Handlung angesehen, die daraus ihren Impuls bezieht und darin ihre Begründung findet.

Diese Auffassung bietet zahlreiche Anschlusspunkte, um Arbeitsvorgänge in den Performativen Künsten zu beschreiben. So kann im Auffinden relevanter Themen, in der Gewinnung aktuell bedeutsamer Perspektiven auf Stoffe und Ausgangsmaterialien, in hierfür notwendigen Recherchen, dem Erproben von Ausdrucksformen, die die entwickelten Bezüge sichtbar machen, im kollektiven Reflektieren usw. sinngebendes und Bedeutung schaffendes Lernen stattfinden. Dennoch wirft die Bezugnahme auf die Figur des ›unwissenden Lehrmeisters‹ eine Reihe von Fragen auf.

Künstlerisch-pädagogische Akteure sind nicht wirklich *unwissend*. Sie verfügen über Fachkenntnisse hinsichtlich der Kunstformen Theater, Tanz und Performance, auch wenn diese notwendigerweise fragmentarisch sind. Müssen sie ihr Expertentum verstecken, um bei Amateuren Lernprozesse zu initiieren?

Wie soll es dann aber zu einer Initialzündung bei den Performern kommen und worin könnte die Begleitung eines Arbeits- und Lernprozesses bestehen?

Welche Wege gibt es, das Expertentum einzubringen, ohne die Sprache der Kunst zu erklären?

Wie also kann vermieden werden, dass die gemeinsame Gestaltungsaufgabe ihren Sinn verliert und zu einer rein methodischen Frage verkommt, die von einer Person, nämlich dem künstlerisch-pädagogischen Akteur, beantwortet werden muss?

Löst sich die Problematik dadurch auf, dass dieser sich als Lernender begreift?

Wie und was lernt aber der ›unwissende Lehrmeister‹ im theatralen Erarbeitungsprozess und welchen Stellenwert kann dieses Lernen für die Gruppe und das Ergebnis haben?

Was bedeutet die institutionelle Einbindung in Schule oder Theater, die zwangsläufig eine Hierarchie zwischen den verschiedenen Akteuren begründet?

Wie also ist mit ungleichen Erfahrungs- und Wissenshorizonten und institutionell bedingten Machtstrukturen umzugehen?

Wie lassen sich, um den Bezug zu dem Framing von Risk, Rules und Reality auch an dieser Stelle noch einmal herzustellen, Kunst- und Demokratieanspruch gleichermaßen realisieren?

Diese Fragen leiten den im engeren Sinne didaktischen Teil des Buches, der sich, ohne sich linear an den 4 R's abzuarbeiten, doch gedanklich immer wieder auf sie bezieht. Das Kapitel versteht sich als praxeologisch begründete Theorie oder auch als theoretisch reflektierte (Schreib-)Handlung.

1. Lernen in den Performativen Künsten

Der Buchtitel ›K_eine Didaktik der Performativen Künste‹ wehrt eine die Kunstform verkürzende Didaktisierung ab. In der vehementen Verneinung steckt aber die Frage, ob es nicht eine Form gibt, in der eine Didaktik dennoch möglich wird.

Dieser Auseinandersetzungsprozess prägt das gesamte Buch. Hier hat er mich zu der Entscheidung geführt, Lernen in den Fokus zu rücken. Dies basiert auf der Annahme, dass die Trennung von Lehren und Lernen in den Performativen Künsten neu bedacht werden muss, möglicherweise aufgehoben, zumindest in der jeweiligen Funktionsbestimmung genau erkannt – und in ihrer Auswirkung auf die Praxis reflektiert.[1] Denn es gilt für ein Handlungsfeld zu denken, in dem aufgrund der gleichzeitigen Bezugnahme auf Kunst und Pädagogik alle beteiligten Akteure zwangsläufig immer Lernende sind.

Auch wenn Lerntheorien nicht unmittelbar in Praxis münden, so scheint es mir zur Ausdifferenzierung des Lernfeldes der Performativen Künste doch sinnvoll, Anlehnungen an solche Theorien zu suchen, die Lernen als soziale Praxis begreifen und in denen das Verhältnis von Lehren und Lernen thematisiert wird. Doch zunächst will ich erläutern, warum ich unter der Überschrift ›Handlungsräume‹ den Akzent nicht auf das lege, was aktuell als ästhetische oder kulturelle Bildung bezeichnet wird, sondern ›Lernen in den Performativen Künsten‹ thematisiere, gleichwohl der Bildungsbegriff in seiner Fassung als kulturelle Bildung gerade eine Renaissance erfährt.

Ästhetische Bildung, kulturelle Bildung oder Lernen?

Dem Bildungsbegriff wohnt in seinem durchaus emanzipatorischen Charakter immer auch etwas Emphatisches inne. Bildung möge dem Einzelnen zu der Erkenntnis verhelfen, dass Menschsein mehr und anderes bedeutet als das Funktionieren in einer gegebenen Gesellschaft. Dieser groß angelegte Emanzipationsanspruch, dem ich in seiner Intention durchaus zustimme, erscheint aber zu

1 Über den Terminus *Handlungsfigur* wurde eine solche Funktionsbestimmung in Kapitel III., *Handlungsfiguren*, bereits angesteuert.

unspezifisch, um unter seiner Prämisse das Verhältnis von Lehren und Lernen in den Performativen Künsten handlungsorientiert reflektieren zu können.

Ästhetische Bildung ist insofern enger gefasst, als sie sich explizit auf die Künste bezieht. Doch ist die damit verbundene Vorstellung an ein durch und durch utopisches Menschenbild geknüpft. Freiheit und Selbstbestimmung erscheinen als primär subjektive, im Inneren des Menschen verborgene Möglichkeiten und nicht so sehr als Fähigkeiten, die in sozialen und gesellschaftlichen Auseinandersetzungen zu gewinnen sind. Zudem ist der Begriff historisch wie aktuell eng mit einem bildungsbürgerlichen Kunstverständnis verknüpft. Künstlerische Arbeiten, die sich auf die Lebenswelt von Jugendlichen beziehen und sich mit ihren Alltagskulturen auseinandersetzen, sind schwerlich unter diesen Begriff zu fassen.[2]

Solche Arbeiten sind in der kulturellen Bildung durchaus mit gemeint. Der Bezug auf kulturelle Bildung ist auch deshalb naheliegend, da sie (inzwischen) eine breite gesellschaftliche Akzeptanz erfährt und Aktivitäten, die sich damit verknüpfen lassen, eine deutlich gewachsene öffentliche Unterstützung erhalten. So schreibt Gerd Taube, Vorsitzender der Bundesvereinigung Kulturelle Kinder- und Jugendbildung (BKJ): »Kaum eine kultur- oder bildungspolitische Debatte kommt in den letzten Jahren ohne den Verweis auf die Kulturelle Bildung aus. (...) Das ist gut so, denn Kulturelle Bildung als Daseinsvorsorge steht damit im Fokus der öffentlichen Aufmerksamkeit.« (Taube in Bockhorst/Reinwand/Zacharias 2012: 19). Die Schwäche des Verständnisses von kultureller Bildung liegt aber darin, dass es vage und unbestimmt bleibt. So konstatiert auch Gerd Taube: »Und jeder hat seine eigene Vorstellung davon, was Kulturelle Bildung denn sei.« (ebd.: 19), und die Herausgeber*innen des ›Handbuchs Kulturelle Bildung‹ kommen zu dem Schluss: »Antworten auf die Frage ›Was ist Kulturelle Bildung?‹ muss sich der Leser anhand der Texte selbst erarbeiten.« (ebd.: 22). Ist die hierin liegende Offenheit durchaus zu begrüßen, so lassen sich aber aus einer so umfassenden und deshalb tendenziell beliebigen Bildungsvorstellung kaum künstlerisch-pädagogische Handlungsorientierungen gewinnen.

Lernen hingegen ist ein auf den Lebensalltag bezogener Handlungsbegriff. Er fokussiert die Aktivität der Subjekte und ermöglicht den Blick auf das Detail. Als

2 So würde eine Arbeit wie *Kellerkinder*, gezeigt am Berliner Theater *Hebbel am Ufer (HAU 3)*, 11.–15.05.2016, vgl. http://www.hebbel-am-ufer.de/programm/spielplan/kadir-amigo-memis-kellerkinder/ (eingesehen am 14.04.2017), nicht unter diesen Begriff fallen. In dieser Arbeit untersucht Kadir »Amigo« Memes Jugendslang und Sprachcodes. »Ausgangspunkt sind zusammengetragene Erfahrungen der Jugendlichen aus der Schule, von der Straße und der digitalen Welt.« (taz, 04.05.2016.).

Handlungsbegriff erlaubt er den Bezug auf den *Prozess* des Lernens, woraus sich die Möglichkeit ergibt, auch Suchbewegungen, Umwege, kleine Schritte, Veränderungen und Verschiebungen in den Erkenntnissen und Einsichten, in Haltungen und Handlungsoptionen zu thematisieren.

Die Auseinandersetzung mit ausgewählten Lerntheorien, soweit sie sich auf Fragen beziehen lassen, welche die Figur des ›unwissenden Lehrmeisters‹ aufwirft, soll die weitere Richtung des Nachdenkens einleiten.

Wofür lernen in den Performativen Künsten?

Die Ausgangssituation für das pädagogische Experiment von Jacotot beschreibt Rancière als vergleichsweise komfortabel (Rancière 2009: 11 f.). Die Studenten wollten seinen Vorlesungen folgen können und er wollte diesem Wunsch nachkommen. Es gab also eine klare Begründung dafür, dass sie seinem Vorschlag folgten und sich anhand der Übersetzung eines literarischen Werkes auf den Weg machten, sich eine neue Sprache anzueignen. Auf dieser Basis konnten sie ein Gespräch und eine Auseinandersetzung führen.

Welche Begründung kann es für Menschen geben, die nicht professionell Kunst machen wollen, den durchaus mühsamen Weg einzuschlagen, die fremde Sprache der Kunst zu erlernen und zu beginnen, sich darin auszudrücken?

Der Regisseur und Komponist Julian Klein geht von einem anthropologischen und sozialen Sinn aus, der sich im Kunstmachen realisiert: »Wir betreiben Kunst letztlich nicht als Selbstzweck, sondern weil wir ohne sie keinen hinreichend vernünftigen Begriff von Wirklichkeit hätten. Denn ohne eine eigene Perspektive und ohne gewählte Rahmung – das heißt vor allem, ohne unser eigenes Engagement – können wir der Welt gar nicht begegnen. Der künstlerische Blick ist die menschliche Art und Weise, sich in einer solchen Welt zurechtzufinden.« (Klein 2009: 132).

Lerntheorien, deren Ziel es ist, Lernen als pädagogische Grundverfasstheit (neu) zu entdecken, sehen Lernen ebenso als eine anthropologische Konstante an. Hier wird der Blick nicht so sehr auf den Menschen als einzelnen Lernenden gerichtet, der von außen gesetzte Ziele möglichst reibungslos erreichen soll. Es geht vielmehr um den Menschen als jemanden, der in der lernenden Auseinandersetzung mit *Welt* sinnhafte Bezüge und Begründungen für Lernen *selbst herstellt*. Die Erziehungswissenschaftler Michael Göhlich und Jörg Zirfas bringen es so auf den Punkt: »Unser Umgang mit der Welt (...) gelingt als Lernen.« (Göhlich/Zirfas 2007: 8).

In Abgrenzung zu einem Lernverständnis, das primär an (ökonomischer) Verwertbarkeit orientiert ist, kommt es pädagogischen Lerntheorien darauf an, das emanzipatorische und subversive Potenzial herauszustellen, das Lernen immer auch kennzeichnet. Lernen in diesem Verständnis dient nicht nur dem Erwerb von bereits vorhandenen und gesicherten Erkenntnissen, vielmehr liegt in der lernenden Begegnung das Potenzial zur Gewinnung neuer Perspektiven. Lernen ist also niemals nur als Nachvollzug, sondern immer auch als ein schöpferischer Akt vor einem offenen Horizont zu verstehen.

So schreibt die Pädagogin und Erziehungswissenschaftlerin Käte Meyer-Drawe[3]: »Lernen ist in pädagogischer Perspektive und in strengem Sinne eine Erfahrung. (...) So schlicht diese Aussage klingt, ihre Tendenz ist subversiv und anachronistisch. Während Störungen, Schwierigkeiten und andere *Inadäquationen* unpopulär sind, weil reibungslose, hochtourige Anpassung in einer stressfreien Atmosphäre das Ideal der Zeit ist, misst eine pädagogische Theorie des Lernens gerade der zeitraubenden Irritation eine erhebliche Bedeutung bei.« (Meyer-Drawe 2008: 15). In der Irritation, im Bruch mit »der vertrauten Sicht der Dinge«[4] (Meyer-Drawe 2008: 14), vollzieht sich in diesem Verständnis menschliches Lernen, das Neues, Unbekanntes, Noch-nicht-Gedachtes einschließen kann.[5] Insbesondere die künstlerisch-gestaltende Auseinandersetzung ist ohne solche, auch verunsichernde Lernprozesse nicht zu denken.

Vor welchen Herausforderungen stehen Lehrende in einem Prozess, der ihre Sorgfaltspflicht in dieser Weise massiv herausfordert? Insbesondere der von Meyer-Drawe ins Spiel gebrachte Begriff der Irritation verweist auch auf Schmerz, Unsicherheit, Verlust. Wie lässt sich die pädagogische Verantwortung mit der

3 Meyer-Drawe steht mit ihrer Argumentation, Lernen als Erfahrung stark zu machen, in der Tradition John Deweys, der sich im Zuge der Reformbewegungen zu Beginn des letzten Jahrhunderts für die Demokratisierung sämtlicher Lebensbereiche aussprach. Seine Haltung umfasste damit auch Überlegungen zum Verhältnis zwischen Lehrenden und Lernenden (vgl. Dewey 1915/1993).

4 Auch Meyer-Drawe ruft übrigens die Figur des *unwissenden Lehrmeisters* auf, die sie aber nicht so benennt: »Die Lernenden können (...) von den Lehrenden lernen, was sie noch nicht wissen und können, die Lehrenden von den Lernenden, was sie nicht mehr wissen und können.« (ebd.: 194).

5 Ohne die Theaterpädagogik erneut mit Heilsversprechungen zur Rettung der Welt zu überfrachten, sei doch darauf verwiesen, dass Erfahrungen in den Künsten neue Perspektiven, Handlungsoptionen und Haltungen provozieren können, wie sie in einem nicht nur von globalem Wettbewerb, sondern von ebensolchen Krisen gekennzeichneten Jahrhundert geboten sind.

Lernanforderung vereinbaren, die sich auch den EXPERTEN DES THEATERS[6] in einem auf ein offenes Ziel orientierten Erarbeitungsprozess stellt? Lehrende müssen jeweils neue Wege finden, ihr Expertenwissen einzusetzen, so dass es mit einer Gruppe gelingen kann, die ihren Mitgliedern und deren Anliegen adäquate künstlerische Form zu finden. Dann kann *Kunstmachen* zur Perspektivengewinnung beitragen und zur Orientierung in der Welt verhelfen. Dafür wiederum ist die Voraussetzung, dass Lehrende ihr Wissen um performatives Gestalten nicht nur einsetzen, sondern im Dialog mit einer Gruppe weiterentwickeln, also auch selbst Lernende sind.

Die Sprache der Performativen Künste ist vielfältig und ständigen Wandlungsprozessen unterzogen, die sich aus den Anliegen der Gestaltenden speisen. Wenn auch in pädagogisch orientierten Projekten keineswegs die Kunstwelt revolutionierende Formate und Formen gefunden werden müssen, so erfüllt sich der Sinn solcher Arbeiten doch darin, für die je spezifische Perspektive einer Gruppe und einzelner Mitglieder ein Format und eine Form zu finden.

Subjektorientierte Lerntheorien, die darauf reflektieren, wie der Mensch als den gesellschaftlichen Verhältnissen grundsätzlich Unterworfener im reflektierten Handeln Spielräume zur Lebens- und *Welt*gestaltung finden kann, bieten eine gedankliche Basis, um das komplexe Wechselspiel von Lehren und Lernen in den Performativen Künsten differenziert zu betrachten. Wie pädagogische Lerntheorien auch, gehen die Verteter*innen dieses Ansatzes davon aus, dass Lernen eine grundsätzlich unverfügbare menschliche Tätigkeit ist, die nur auf Initiative Lernender zustande kommen kann. Lernen als emanzipatorischer Akt zur Gewinnung neuer Handlungsspielräume des *Subjekts*[7] kann selbstverständlich nicht von außen initiiert werden. Lehrende können aber einen Zugang zu einem solchen Lernprozess gewinnen.

Der Erziehungswissenschaftler Joachim Ludwig weist darauf hin, dass Lernen als sinnvoller und begründbarer Vorgang – wenn auch vom Außenstandpunkt her unverfügbar – so doch *verstehbar* ist. Diese Verstehensaufgabe stellt Pädagogen vor eine doppelte Aufgabe. Es geht zum einen darum, die Perspektive der Performer auf ihre Situation, von Ludwig als Subjektstandpunkt charakterisiert, einzunehmen. Zum anderen geht es darum, den Subjektstandpunkt in seiner

6 Die Begrifflichkeit *Experten des Theaters* wird von Jan Deck vorgeschlagen – in Analogie zu den *Experten des Alltags*, Amateuren auf der Bühne bei *Rimini Protokoll* (vgl. Deck 2014: 60).

7 Zum Subjektverständnis vgl. Kapitel III. 2, *Performative Praxis als eine Praxis der Freiheit?*.

gesellschaftlichen Rahmung zu erkennen, um von hier aus ggf. neue Deutungsmöglichkeiten einzubringen[8] (vgl. Ludwig 2016: 4). Diese Sichtweise revolutioniert in der konsequenten Teilnehmerorientierung Lehr-Lern-Verhältnisse[9] und kommt damit dem nahe, was sich in performativen Gestaltungsprozessen zwischen Experten und Amateuren vollzieht.

Künstlerisch-pädagogische Akteure als wissend-unwissende Lehrmeister

Von der Annahme ausgehend, dass Lernen subjektiv sinnhaftes Handeln ist, das in den Lebensinteressen der Lernenden seine Begründungen findet, ist zu fragen, wie sich in diesem Sinne Lernbegründungen in Gestaltungsprozessen mit Amateuren herstellen.

Gestalten in den Performativen Künsten findet *immer* eng an den handelnden Subjekten statt, die die Prozesse tragen. In der experimentellen Annäherung an Themen, Stoffe, Fragestellungen oder Materialien sind es die subjektiven Perspektiven aller Gruppenmitglieder, die als Positionen in die Gestaltung eingehen. Die Bedeutung, die die handelnde Auseinandersetzung im Theaterraum für die Subjekte gewinnen kann, wird also in der Probenarbeit hergestellt und durch sie sichtbar gemacht. In der Probenarbeit ist der zentrale Selbstverständigungsprozess aufgehoben, für den Lehrende Impulse geben, Anlässe schaffen – und der von ihnen *gelesen* werden muss.

Dabei sind die künstlerisch-pädagogischen Akteure als Wissende (der Performativen Künste) ebenso gefragt wie als Unwissende. Als Unwissende müssen sie sich dem Verstehen der im Theaterraum stattfindenden Selbstverständigungsprozesse als einer Forschungsaufgabe widmen.

Damit diese überhaupt stattfinden, bedarf es nicht selten einer Initialzündung. Die künstlerisch-pädagogischen Akteure sind es in der Regel, die den gemeinsamen Arbeitsprozess in Gang setzen, indem sie einen (ortsbezogenen, sozial oder in anderer Weise) relevanten STARTING POINT für die gemeinsame Arbeit vorschlagen

8 Online verfügbar unter http://link.springer.com/referenceworkentry/10.1007/978-3-531-20001-9_13-1 (eingesehen am 16.04.2017).

9 In der konsequenten Teilnehmerorientierung hat die subjektorientierte Perspektive bislang kaum Eingang in Theorien zum schulischen Lernen gefunden, sondern ist vor allem in der Erwachsenenbildung relevant geworden; vgl. http://www.uni-potsdam.de/eteachingwiki/index.php/Subjektwissenschaftliche_Begründungszusammenhänge (eingesehen am 18.02.2017).

(Text, Material, Thema usw.) oder aus der Gruppe aufnehmen. In der Probenarbeit gilt es dann herauszufinden, welche Bedeutung dieser für die einzelnen Gruppenmitglieder hat oder gewinnen kann. Das geschieht im Gespräch, aber auch in Recherchevorgängen zu einem Thema oder sonstigen Gegenstand, die nicht streng wissenschaftlich erfolgen, sondern interessegeleitet sind. Oder auch in Improvisationen, in denen Perspektiven erprobt, Ausdrucksformen gewonnen werden usw.

Der Außenstandpunkt der künstlerisch-pädagogischen Akteure ist im Gestaltungsprozess in besonderer Weise gefragt, denn es liegt in ihrer Verantwortung, dass die künstlerische Arbeit von der Mehrstimmigkeit getragen wird, die als unterschiedliche Perspektiven der Gruppenmitglieder auf einen Gegenstand, ein Thema usw. in der Probe erforscht wurde – und dass diese für ein Publikum erkennbar wird.[10] Erkennbar bedeutet wiederum nicht erklärt oder für alle zwingend verstehbar, aber sichtbar. Das gelingt in der Bezugnahme auf die Ausdrucksformen der Performativen Künste.

Im Verhältnis zu den Amateuren des Theaters stellt sich für die künstlerisch-pädagogischen Akteure eine Kombination von Wissensvermittlung und Verstehensaufgaben. Die Wissensvermittlung ist aber nicht nur eine einfache Weitergabe von Wissen, sondern kann als eine besondere Form der Übersetzungsleistung charakterisiert werden. Wie in Rancières Beispiel geht es nicht darum, den Lernenden Kunst als eine ihnen möglicherweise fremde Sprache bzw. Ausdrucksform zu *erklären*. Das würde der Gewinnung subjektiver Lernbegründungen entgegenstehen und eigene, jeweils spezifische Übersetzungsspielräume radikal einschränken, wenn nicht unmöglich machen. Künstlerische Gestaltungsformen würden Amateuren dann in Gestalt von fertigen Tools begegnen, die zur Verfügung gestellt werden. Auf dieser Basis ist es schwer, ungewohnte Perspektiven auf Eigenes wie Fremdes zu entwickeln und eigene Wege zu finden, auch in anderen Kontexten Übersetzungsmöglichkeiten zu suchen, um sich neue Sinngehalte und Begründungszusammenhänge zu erschließen.[11] Die Herausforderung besteht darin, aus der eigenen, auch wissensbasierten künstlerischen Haltung heraus mit

10 Das gilt ebenfalls für Arbeiten, in denen, wie beispielsweise bei der Performancegruppe *Turbo Pascal*, auch der Standpunkt der künstlerisch-pädagogischen Akteure eingebracht wird. Dies geschieht immer im Auswählen der Rechercheergebnisse und in der Spezifik des dramaturgischen Zusammensetzens der Teilnehmerperspektive. Bei *Turbo Pascal* zusätzlich, indem sie in einzelnen Arbeiten selbst ihre Perspektive auf der Bühne repräsentieren, zum Teil als Stellvertreter*innen der (erwachsenen, bildungsbürgerlichen) Zuschauer.

11 Hier sei noch einmal auf den Philosophen Jullien verwiesen, der den Wert von Übersetzungsleistungen darin sieht, Implizites der eigenen Sprache neu zu bearbeiten und zu betrachten (vgl. Kapitel III. 2, *Performative Praxis als eine Praxis der Freiheit?*).

Amateuren Formen und Formate zu finden, die sich aus dem Probenprozess heraus entwickeln *und* auf die Kunstform bezogen sind.

Dass sich Amateure der Performativen Künste einer unbekannten Ausdrucksform sinnlich und reflexiv öffnen, geschieht aber nicht nur in der eigenen Erprobung, sondern auch über Wahrnehmung, Beobachtung und Beschreibung. Dafür sollten Amateure, die selbst aktiv gestalten, Arbeiten von Künstlern aus Theater, Tanz, Performance, aber auch Ausstellungen, Lecture Performances und was es sonst noch an neuen Formaten zu entdecken gibt, kennenlernen können. Das ist auch relevant, um die Gestaltungsvorschläge aus der eigenen Gruppe beschreiben und in ihrer Bedeutung einschätzen zu lernen und ein produktives Feedback geben zu können, um zusammen mit den künstlerisch-pädagogischen Akteuren als *Auge von außen* zu fungieren.[12] Auch ausgewählte Bezüge auf Theatertheorie oder -geschichte, zugeschnitten auf die jeweiligen Erfordernisse einer Gruppe, sind ebenfalls wichtige Impulse für künstlerisch-pädagogische Findungsprozesse. Auch in dieser Hinsicht müssen die künstlerisch-pädagogischen Akteure aus einem notwendigerweise breiten Fundus die Impulse herausfinden, die für eine bestimmte Gruppe in einer bestimmten Phase jeweils relevant werden können.

Auf diesen verschiedenen Ebenen ermöglichen sie es, dass nach und nach die Breite der Kunstform und ihr Ausdrucksspektrum angeeignet werden können. Dabei wird deutlich, dass die Ausdrucksformen lebendig sind, dass sie jeweils neu gefunden werden müssen und können – gleichwohl schon andere sie erprobt haben.

Selbst Rechercheverfahren lassen sich nicht nur als Wissenstool vermitteln, sondern Lernende werden auf den Weg geschickt, ihren Erkenntnis- und Gestaltungsinteressen entsprechende Rechercheformate zu entwickeln, die in der Folge auch das Wissen der Lehrenden erweitern können. Es ist ein Ping-Pong-Spiel, wobei jeder Ballwechsel alle Beteiligten des Spiels in ihrer Wahrnehmung, ihrem Wissen und Können verändert. So lassen sich beispielsweise auch Dramaturgieprinzipien auf Basis von Forschungs- und Improvisationsarbeiten und nicht nur in der Bezugnahme auf erprobtes dramaturgisches Wissen mit einer Gruppe entwickeln. Ebenso verhält es sich mit der Kommunikationssituation im Theaterraum, also der Anordnung von Zuschauern und der Art der Interaktion.

Ludwig beschreibt den Subjektstandort als den sozialen Ort, »von dem aus sich das Subjekt zum gesellschaftlichen Raum als Raum möglicher Bedeutungen

12 Die von *DasArts* entwickelten Feedbackformate sind hier enorm hilfreich; vgl. http://www.ahk.nl/atd/nieuws/2015/03/31/watch-the-dasarts-feedback-film/ (eingesehen am 16.04.2017).

in Beziehung setzt« (Ludwig 2016: 8). Er betont, dass die Perspektiven auf den Lehr-Lern-Gegenstand nicht nur von Eigensinn getragen sind, sondern auch typische Perspektiven enthalten. Eine zentrale Aufgabe des performativen Gestaltungsprozesses ist es, beide Perspektiven zu gewinnen und sichtbar zu machen. Damit vervielfachen sich die Verstehensprozesse innerhalb einer Gruppe durch die in der Probe reflektierten Positionen der anderen Suchenden und Gestaltenden.

Anders als in dem Experiment von Jacotot stellt sich im performativen Gestalten für eine Gruppe die gemeinsame Aufgabe, eine Präsentation zu entwickeln. Der Prozess, der dahin führt, ist für alle Beteiligten von Verstehens- und Aushandlungsprozessen geprägt, für die die Lehrenden die Verantwortung tragen. Sie setzen sich dafür mit den Haltungen und Handlungsbegründungen der Gruppenmitglieder auseinander. Sie nehmen verschiedene Perspektiven ein. Sie lernen, fremde Gestaltungsvorschläge in ihrer Bedeutung für die Subjekte zu lesen. Sie nehmen hierfür einen Außenstandpunkt ein, der ein fiktives Publikum mit einbezieht. Denn sie müssen prüfen, ob die Gestaltungsvorschläge lesbar sind, nachvollziehbar, hinreichend schockierend oder anderweitig interessant usw. Und sie vermitteln beständig zwischen diesen verschiedenen Anforderungen. Dabei helfen ihnen ihr pädagogisches und künstlerisches Expertentum und die darin aufgehobene *eigene* Lernbegründung

In diesem sehr persönlichen Prozess eine professionelle Distanz zu wahren, ist dadurch möglich, dass es um *ein gemeinsames Gestaltungsziel* geht. Dabei spielt zwar der Subjektstandpunkt aller Beteiligten mit, aber für den Lehrenden ist der Außenstandpunkt die zentrale Perspektive.

Gelingt das Ping-Pong-Spiel zwischen Experten und Amateuren der Performativen Künste, kommt das einer Übersetzungsleistung gleich, in der Sinn und Bedeutung neu gefunden und Lernbegründungen selbst hergestellt werden. Im besten Fall realisiert sich über den Handlungscharakter der Performativen Künste eine erweiterte gesellschaftliche Teilhabe.

Zur Professionalität gehört, um die künstlerische Dimension des Vorgangs noch ein letztes Mal aufzurufen, dass hier auch spielerisch mit dem Subjektstandpunkt umgegangen wird. In den Performativen Künsten spielt das Changieren zwischen Eigenem und Fremdem, zwischen Wahrheit und Lüge, zwischen Fakt und Fiktion, zwischen der Welt wie sie ist und wie sie sein könnte immer mit. Dieses Changieren ist in den Performativen Künsten möglicher Bestandteil des Subjektstandpunktes.

2. Handeln im Raumbezug Performativer Künste

Lehr-Lern-Handlungen in den Performativen Künsten finden an Orten statt, die bereits eine gewisse Vorstrukturierung aufweisen, egal ob im Theater, in Schulen oder im öffentlichen Raum. Sie sind in Handlungsvollzügen aber grundsätzlich veränder- und gestaltbar. Unter historischer, raumtheoretischer und praxisorientierter Perspektive nehme ich das Wechselspiel zwischen vorgefundener Struktur und Gestaltung in den Blick und frage:
Was macht die Spezifik von Lernräumen in den Performativen Künsten aus?
Was unterscheidet sie von anderen Räumen des Lernens?
Wie muss ein Lernort der Performativen Künste aussehen, damit Handlungsvielfalt möglich wird?
Wer darf über die (Aus-)Gestaltung entscheiden – und wie legitimiert sich die Entscheidungsbefugnis?
Wie ist die Einbettung des Lernraumes Theater in die Schule, das Theater oder andere Institutionen zu denken?

Der Raumbezug steht in der ›Didaktik der Performativen Künste‹ für den Realitätsbezug[13], insofern danach gefragt wird, in welchem Maße und in welcher Form die zur Verfügung stehenden Lernräume vorstrukturiert sind. Unter welchen Bedingungen ist die Raumstruktur, in die Lernende der Performativen Künste eintreten, so beschaffen, dass sie in ihrer Funktion und Bedeutung den Subjekten als weitgehend festgefügt und unveränderbar entgegentritt, wann und wie lassen sich handelnd Spielräume gewinnen?

Gesonderte, vom restlichen Leben getrennte Lernräume, wie sie sich mit Beginn der Moderne entwickeln, bergen in besonderer Weise widersprüchliche Möglichkeiten. Sie können die eigenständige Gestaltungsfähigkeit von Subjekten herausfordern und selbstbestimmtes, von Zwängen des Alltags befreites Lernen ermöglichen. Sie können aber auch auf die optimale Einpassung Lernender in wechselnde soziale, ökonomische oder andere Erfordernisse einer Gesellschaft ausgerichtet sein. Im Gedankengut der Aufklärung verbindet sich mit speziellen

13 Und zwar in dem Verständnis, wie es in Kapitel II., *Starting Points für eine Didaktik der Performativen Künste*, in der Übersetzung der *4 R's* von *Gob Squad* erläutert wird.

Lernräumen die Vorstellung von einem selbstbestimmten Leben, das nicht zuletzt durch Bildungsprozesse ermöglicht werden soll. Das trifft auf den zentralen *Lernraum für Erwachsene*, das entstehende bürgerliche Theater[14], ebenso zu wie für die Lernräume für Heranwachsende. Interessanterweise findet an beiden Orten Lernen auf Basis eines ALS-OB-MODUS statt, wenn auch auf sehr unterschiedliche Weise. Mit Blick auf ausgewählte Stationen wird danach gefragt, wie diese Räume jeweils *bespielt* werden und was diese Bespielung – auch in ihrer Konsequenz für heute – bedeutet.

Lernräume in historischer Perspektive

In der Anfangsphase der bürgerlichen Gesellschaft verbindet sich mit dem ALS-OB-MODUS auf den Bühnen der neu entstehenden Stadt- und Staatstheater die Vision einer anderen, humaneren Gesellschaft. Hier agieren Schauspieler als bürgerliche Helden und tragen stellvertretend die Konflikte aus, die mit der Etablierung eines empfindsamen Menschenbildes und der Durchsetzung bürgerlicher Familienverhältnisse einhergehen. Auf Basis dramatischer Texte und einer sich ausdifferenzierenden Schauspielkunst sollen die Zuschauer in einem mimetisch-identifikatorisch angelegten Lernprozess in dieser kunstvoll und künstlerisch hergestellten ALS-OB-WELT neue Haltungen und Handlungsweisen erfahren und erlernen können. Die Welt, die hier vor ihren Augen entsteht, ob im bürgerlichen Trauerspiel, in anderen Stücken von Gotthold Ephraim Lessing oder Friedrich Schiller wie auch bei Johann Wolfgang von Goethe, ist von Konflikten und Widersprüchen gekennzeichnet, gerade weil die propagierte bürgerliche Moral ein hohes Maß an Rigidität aufweist.[15] Wie vielschichtig aber die aufgezeigten Konflikte gestaltet sind und wie vielfältig sie verstanden werden können, zeigt sich in immer neuen Inszenierungen dieser Stücke bis heute. Die bedeutungsstiftende Funktion des Publikums, das im verdunkelten Zuschauerraum den mitfühlenden, meistenteils mitleidenden Nachvollzug der Bühnenhandlung durchlebt, ist in der historischen Aufführungssituation allerdings auf ein Minimum reduziert.

14 Die sich vom bürgerlichen Theater massiv unterscheidende politische Funktion des antiken Theaters hat jüngst Daniel Mendelsohn herausgearbeitet (vgl. Mendelsohn 2016: 46 – 49).

15 In den sogenannten Kinder- und Jugenddramen aus der zweiten Hälfte des 18. Jahrhunderts, die, der Erziehung und moralischen Bildung dienend, vor allem für den familiären Bereich gedacht waren, wurden mögliche Konflikte deutlich entschärft dargestellt; vgl. vor allem die Kinderschauspiele von Christian Felix Weiße.

Die zur gleichen Zeit konzipierten speziellen Lernräume zur Bildung und Erziehung Heranwachsender dienen in anderer Weise dem Ziel, im Menschen eine nach Gesichtspunkten der Vernünftigkeit geordnete Natur zu wecken.

Exemplarisch für eine zwischen radikalem Freiheitsanspruch und faktischer Unterwerfung sich bewegende Konzeption eines Lernraumes steht Jean-Jacques Rousseau. Zu seiner Zeit wird es üblich, Lernenden mit sogenannten Naturalien- oder Realienkabinetten ALS-OB-RÄUME zur Verfügung zu stellen, in denen Natur und soziale Umwelt in Form von Anschauungsobjekten als eine Wirklichkeit auftreten, in die die Lernenden hineinwachsen sollen.[16] Rousseau geht weit darüber hinaus, indem er die Theorie eines umfassenden Lernraumes entwirft, in dem *Wirklichkeit* in verschiedenen Aspekten handelnd erprobt werden kann. Hierfür konzeptioniert er zunächst ein *vernünftiges Zimmer*, später die Einrichtung einer ganzen *Welt* als (Erziehungs-)*Umgebung*.[17] Dabei setzt Rousseau auf die Selbsttätigkeit der Lernenden mit dem erklärten Ziel, sich selbst als Erzieher möglichst schnell überflüssig zu machen (vgl. Rittelmeyer in Lenzen 1994: 211f.). Er will dem Kind Selbstbestimmung und eine von Normierungen der Erwachsenen weitgehend unabhängige Entwicklung ermöglichen. Tatsächlich entwickelt Rousseau aber einen ALS-OB-RAUM, in dem er als Erzieher alle Fäden in der Hand hat. Er entwirft »ein für den Lernenden unsichtbares Netz fingierter Situationen« (Göhlich/Zirfas 2007: 102), die den Zögling in einer nach strategischen Gesichtspunkten geordneten Lernwelt zum Handeln zwingen. Der Pädagoge Hartmut von Hentig weist auf den geschichtsoptimistischen Hintergrund dieser Konzeption hin. In der künstlichen Rahmung soll sich das Kind so weit erproben, dass es fähig wird, »in der Zivilisation zu bestehen, d. h. in ihr zu leben, ohne Schaden an seiner Person zu nehmen« (von Hentig 2003: 42). Basis des Zusammenlebens auf solche Weise autonom handelnder Mitglieder einer Gemeinschaft wäre ein auf freiwilliger Basis zustande gekommener Gesellschaftsvertrag.

Aus heutiger Sicht könnte man es allerdings auch als perfide bezeichnen, eine Lernumgebung zu schaffen, die, unter die Begriffe von Freiheit und Natur gefasst,

16 Die von Friedrich Fröbel unter Bezug auf Johann Heinrich Pestalozzi entwickelte, inzwischen international gebräuchliche Wortschöpfung *Kindergarten* weist auf die Vorstellung des geregelten Hineinwachsens in eine Gesellschaft hin.

17 Rousseaus Erziehungslehre wurde von Hartmut von Hentig in sieben pädagogischen Prinzipien zusammengefasst. Rousseau erfand in seinem Erziehungsroman *Emile oder Über die Erziehung* mit Emile einen Protagonisten, der einen durchschnittlich begabten Jungen aus reichem Hause darstellt, mit ihm selbst als einzigem Lehrer. Als Lehrer bemüht er sich um zwei Dinge: Erstens soll Emile dazu erzogen werden, als Erwachsener in der Gesellschaft zu bestehen, ohne Schaden zu nehmen. Zweitens soll er den sogenannten Gesellschaftsvertrag unterzeichnen, um eine politische Ordnung zu sichern (vgl. Rousseau in Rang 1998).

diese in höchstem Maße zu reglementieren sucht.[18] Das ALS-OB des Lernraumes ist in diesem historischen Beispiel von der Seite des Erziehers aus als Einbahnstraße und zudem noch völlig intransparent konzipiert.

Wie auch immer man die jeweiligen Zielsetzungen bewertet, bergen sowohl die Theater- wie auch andere Bildungsräume seither die Möglichkeit, zu schützenswerten Orten zu werden, die dem künstlerischen Experiment und der Erprobung neuer sozialer Kommunikationsformen dienen, die ausschließlich dem Lernen, der Bildung und der Entwicklung vorbehalten sind. Eine darüber hinausgehende Nützlichkeit müssen sie grundsätzlich erst einmal nicht beweisen. Faktisch aber sind sie sehr wohl durchlässig gegenüber von außen definierten Zielen, wie beispielsweise der Durchsetzung eines bestimmten Menschenbildes oder der Vermittlung von einseitig ökonomisch verwertbaren Haltungen und Qualifikationen.

Diese zweischneidige Möglichkeit hat im pädagogischen Lernraum bisweilen dramatische Folgen, insofern dieses Feld im Zentrum divergierender Interessen steht, die sich auf Lernen und Entwicklung von sozial abhängigen Gliedern einer Gesellschaft richten. Deutlich zeigt sich dies in den Klassenräumen und der Schularchitektur der allgemeinbildenden preußischen Schulen in der zweiten Hälfte des 19. und zu Beginn des 20. Jahrhunderts, aus denen jegliche Ambivalenz in der Zielsetzung verschwunden ist. Lernräume werden hier ganz offensichtlich zu Proberäumen für eine durch und durch militarisierte Gesellschaft. Einem Kasernenmodell folgend, mit einer Inneneinrichtung, die den Körper durch enge, am Boden festgeschraubte Pulte in vorgegebene Haltungen zwängt, dienen die Klassenräume dazu, die Lernenden inhaltlich und habituell zu gehorsamen Untertanen zu formen. Entsprechend autoritär sind die Beziehungen zwischen Lehrenden und Lernenden strukturiert. Reste dieser preußischen Schulkultur und Architektur sind für Lernende noch heute sicht- und spürbar (vgl. Kahl 2006).

Der Widerstand gegen derart unterdrückerische Lernverhältnisse äußert sich jedoch schon früh in der Forderung nach alternativen Lernräumen. Die um die vorletzte Jahrhundertwende entstandene Reformpädagogik öffnet sich einerseits zur Natur hin, in Waldschulen oder durch die Einrichtung von Schulgärten, andererseits orientiert sie sich an Lebenszusammenhängen von Familie und Gemeinschaft[19] (vgl. Fauser/John/Stütz 2012). Die wie Wohnräume gestalteten

18 So urteilt beispielsweise Jacques Rancière über Erzieher im Sinne Rousseaus, dass sie »ihre Schüler auf Abwege führen, um sie besser leiten zu können und hinterlistig einen Hindernisparcours aufbauen, den man zu überwinden lernen muss.« (vgl. Rancière 2009: 19).

19 Beispielhaft und stellvertretend sei hier auf Peter Petersen und die *Jenaplanschule* verwiesen.

Klassenräume in heutigen Grundschulen sind ein Rest dieser Bewegung, der sich räumlich-institutionell verstetigt hat (vgl. ebd.: 103). Überhaupt schließt die neuere Reformpädagogik insofern an die historische Entstehungszeit an, als der Raumgestaltung für Lernen und Entwicklung ein hoher Stellenwert beigemessen wird. Der Raum wird hier bisweilen als dritter Pädagoge bezeichnet (vgl. Hoffmann 2015).

Doch auch die Reformschulen neueren Datums, in denen offene Räume und Strukturen für selbstbestimmtes Lernen geschaffen werden, sind keineswegs frei von Zwängen. So konstatieren die Lerntheoretiker Göhlich/Zirfas: »Ob Kuschelecke oder Computerraum, ob Werkbank oder virtuelle Welt, ob nichtrechtwinklige Gebäude und farbige Wände oder selbstkontrollierbare Materialen, ob Turnhalle oder Theatersaal, ob Schulgarten oder Café eines Jugendhauses: All diese Räume und Materialien mussten bzw. müssen als verheißungsvolle Reformen pädagogischer Einrichtungen propagiert und bildungs- resp. sozialpolitisch erkämpft werden, damit die Gesellschaft Lernen überhaupt Raum lässt.« (Göhlich/Zirfas 2007: 105).

Gerade Reformschulen scheinen heute unter einem besonderen gesellschaftlichen Legitimationsdruck zu stehen, betonen sie doch immer wieder die gesteigerte Effektivität ihrer alternativen Lernformen und -räume.

Es wird deutlich und ist auch kaum noch strittig, dass die schützenswerten Möglichkeitsräume für ein Lernen außerhalb von unmittelbaren Verwertungszusammenhängen weder historisch noch aktuell unabhängig von einengenden sozialen und ökonomischen Anforderungen existieren. Die in ihnen aufgehobene Ambivalenz entspricht – auf einer anderen Ebene – dem Subjektstatus des Menschen, indem sich nur innerhalb der Strukturen, die seine Existenz bedingen, Freiräume entwickeln lassen.

Der handelnde Umgang mit den Bedingungen, den Grenzen und Begrenzungen, die dem lernenden Subjekt in der räumlichen Struktur entgegentreten, muss in diesem Verständnis von Emanzipation Teil des Lernprozesses selbst werden. Dazu gehört vor allem die Erfahrung und hieraus zu gewinnende Erkenntnis, dass Räume immer wieder neu und anders bespielt werden können. Meine These ist, dass die Performativen Künste diese Spielräume in besonderer Weise sichtbar machen können. Diese Annahme soll zunächst unter raumtheoretischer Perspektive entfaltet werden, bevor auf die Lernräume der Performativen Künste genauer eingegangen wird.

Die ›Kunst des Handelns‹

Der Soziologe und Philosoph Michel de Certeau richtet den Blick verstärkt auf die Akteure, die durch eigenwillige Handlungen einen Raum dechiffrieren und sich dadurch aneignen können. So verwandeln sie ihn – zumindest teilweise – in einen Ort, der sich einer von außen kommenden fremdbestimmten Ordnung widersetzt. In seinem Essay ›Kunst des Handelns‹ definiert Certeau Raum als einen »Ort, mit dem man etwas macht.« (Certeau 1988: 218). Der subjektive, taktische, begehende Zu- und Eingriff erst erschafft Raum und Räumlichkeit.

In der Unterscheidung zwischen Raum und Ort geht Certeau vom Blick auf eine Stadt aus. In der distanzierten Draufsicht auf die »Bühne aus Beton, Stahl und Glas« (Certeau 1988: 179) werden die von Stadtplanern und politischen Entscheidungsträgern vorgegebenen räumlichen Strukturen sichtbar, die die Wege der Bewohner vorzeichnen. Im Gehen bestätigen die Bewohner diese Strukturen aber nicht nur, sondern erfinden neue Wege »durch Abkürzungen, Umwege und Improvisationen« (ebd.: 190). Akteure konstituieren Räume so immer wieder neu und sind damit in der Lage, existierende Machtverhältnisse zu destabilisieren und neu auszuloten. Es sind vom Vorgegebenen abweichende Alltagspraktiken, die einen »Spielraum zur *Benutzung* der aufgenötigten Ordnung des Ortes« (ebd.: 79) öffnen und ihm so zu Pluralität verhelfen. Diesem Denkansatz liegt ein Raumverständnis zugrunde, das in der Formulierung »Räume sind keine absoluten Einheiten, sondern ständig (re)produzierte Gewebe sozialer Praktiken.« (Kessl/Reutlinger zit. n. Giese/Koch/Mazzini 2012: 24) treffend zusammengefasst ist.

Spricht man von Räumen als *absoluten Einheiten*, so wird der Raum als ein Gefäß begriffen, das mit Gegenständen, Funktionszuweisungen, Menschen und anderem gefüllt wird, sich dadurch aber nicht wesentlich verändert. In diesem auch CONTAINERDENKEN genannten Ansatz ist Raum eine absolute, physisch messbare Größe, die unabhängig von sozialen Handlungen existiert.

Relationale Raumtheorien hingegen, wie ich sie auch meinem Denken zugrunde lege, sehen Raum als Ergebnis sozialer Beziehungsverhältnisse an. Beispielhaft sei auf die Soziologin Martina Löw verwiesen, die betont, dass Raum in Prozessen des Sich-in-Beziehung-Setzens erst konstituiert wird (vgl. Löw 2000). Auch in diesem Denkmodell sind die handelnden Subjekte mit schon existierenden

(An-)Ordnungen[20] von Räumen konfrontiert, in denen sich gesellschaftliche Machtverhältnisse ausdrücken. Indem Raum aber relational, das heißt als Ergebnis von Beziehungen, Prozessen und Handlungen, begriffen wird, lassen sich Räume als Möglichkeitsräume verstehen, die grundsätzlich gestaltbar sind.[21]

Wenn in soziologischen Untersuchungen von einem »Machtbehälter Schule« gesprochen wird (Schroer in Döring 2008: 136), erscheint es jedoch so, als verweigere sich diese Institution Alltagspraktiken, die von der Norm abweichen. Obgleich das Ergebnis vergleichender Untersuchungen deutlich macht, dass der Einfluss von Einzelschulen mit ihrem Ensemble von Handlungsverhältnissen größer sein kann als derjenige der Systembedingungen[22] (vgl. Fauser 2012: 169), so ist dennoch nicht von der Hand zu weisen, dass gerade die Institution Schule dem Einzelnen bisweilen als starr und unveränderbar gegenübertritt. Der Raumtheoretiker Schroer verweist auf solche Verfestigung, wenn er schreibt: »Individuen machen die Erfahrung, dass sie in Räume eintreten, die sie nicht (mit)geschaffen haben und die sie nicht verändern können.« (Schroer in Döring 2008: 137).

Auch wenn sich an manchen Schulen längst überholte Strukturen hartnäckig halten, soll hier keineswegs in Abrede gestellt werden, dass auch diese Institution sich verändern kann und schon verändert hat.[23] Die Performativen Künste sind aber in diesem Prozess deutlich unterbewertet und unterrepräsentiert, können sie doch Orte in der komplexen künstlerischen Erforschung und experimentellen sozialen Kommunikation in Räume verwandeln, die für die handelnden Subjekte neue Bedeutungen gewinnen können. Indem die *Alltagspraxis* der Performativen Künste zu großen Teilen darin besteht, Kommunikationsverhältnisse auszutesten, zu erforschen, bisweilen in ihrer Komik, ihrem Scheitern oder ihrer Dysfunktionalität sichtbar zu machen und neu zu entwerfen, sind sie beständig mit der Konstruktion sozialer Raumstrukturen beschäftigt. Darauf soll zunächst der Blick gerichtet werden, bevor ich auf das Entwicklungspotenzial der Performativen Künste für die Schule zurückkomme.

20 Diese Schreibweise betont, dass gesellschaftlich manifestierte Strukturen wiederum aus Handlungen hervorgegangen sind.

21 Relationale Raumkonzepte stellen den Prozess des Entstehens von Räumen ins Zentrum und betonen so »die Chancen der Akteure bei der Konstituierung, dem Aufbau und der Gestaltung von Räumen« (Redepenning 2008: 318).

22 Interessant ist im hier entwickelten Denkzusammenhang, dass es Peter Fauser ist, der das imaginative, künstlerische Lernen als eines ausmacht, das Schulentwicklung befördern kann; vgl. Fauser, Peter: *Lernen als innere Wirklichkeit. Über den Zusammenhang zwischen Imagination, Lernen und Verstehen*, http://www.eule-thueringen.de/publikationen/grundlagen/download/fauserwirklichkeit.pdf (eingesehen am 16.04.2017).

23 Jedes Jahr wieder wird dies in der Vergabe des Deutschen Schulpreises deutlich. Dieses Ritual macht allerdings auch jährlich neu sichtbar, dass die mit Preisen ausgezeichneten Schulen nicht zum Vorbild für allgemeine Schulentwicklung genommen werden.

Raumerfindungen in den Performativen Künsten

Auch in der ALS-OB-VERABREDUNG auf dem Theater ist die Möglichkeit zu einem emanzipatorischen Handlungsentwurf enthalten. Man denke nur an die Titelfigur von Henrik Ibsens ›Nora‹, die einen für die Gesellschaft in der zweiten Hälfte des 19. Jahrhunderts unerhörten, selbstbestimmten Schritt tut. Dieser wird dem Publikum in einem perfekt ausgeklügelten sprachlichen und dramaturgischen Entwurf vorgeführt.

In der spielerischen Weiterentwicklung von bewusst herbeigeführten Brechungen dieser Darstellungskonventionen erschließen sich den Performativen Künsten aber völlig neue Handlungsdimensionen, die den Theaterraum selbst nachhaltig verändern. Zentrales Merkmal dieser Veränderung ist, dass in der Darstellung selbst der Charakter der Handlung als Theaterhandlung sichtbar gemacht wird.

In der Absicht, das Publikum von der Identifikation zur Einsicht zu führen, stellten schon Erwin Piscator und Bertolt Brecht das bruchlose ALS-OB auf der Bühne infrage. Im offensichtlichen Changieren zwischen Spieler und Figur, zwischen verschiedenen Figuren oder in der durchsichtigen Behauptung eines ALS-OB erforschen Performancegruppen heute die Gestaltungs- und Kommunikationsmöglichkeiten des Theaterraums.

So erfand die Performancegruppe FORCED ENTERTAINMENT zwei Arten des Auf-der-Bühne-Seins, die sie spielerisch erkundet: das BEING-ON und das BEING-OFF. In ihren Präsentationen gibt es Performer*innen, die spielen, und solche, die zusehen. In schnellen Wechseln zwischen BEING-ON und BEING-OFF geht es nicht mehr nur um einen bestimmten Inhalt, sondern gleichzeitig um die Thematisierung und Erforschung von theatralen Handlungs- und Wahrnehmungsräumen. Der Performer Tim Etchells formuliert es so: »Auf der selben Bühne sind zwei ›Ebenen‹ von Performance oder Präsenz sichtbar. Interessant daran ist, dass man so das ›Machen‹ der Performance und die Menschen, die sie machen, ebenso zum Gegenstand der Arbeit erklärt, wie ihren vermeintlichen Gehalt. Irgendwie wurde so der ganze Repräsentationsstil der Arbeit freigesetzt – weil jetzt der Stil selbst zur Diskussion stand.« (Helmer/Malzacher 2004: 35). Ein weiteres, frühes Beispiel, auf das sich FORCED ENTERTAINMENT auch bezieht, ist die in den 1970er-Jahren gegründete amerikanische WOOSTER GROUP, deren Performer sich direkt an das Publikum wandten und dabei gelegentlich die gesamte Struktur des Abends vorab erklärten (ebd.: 38).

Indem der Schwerpunkt vom ALS-OB auf das (Bühnen-)Handeln verlagert wird, wird die Konstitution des Theaterraumes selbst zum Thema gemacht, er wird als Ergebnis von (Theater-)Handlungen und damit als relationaler Raum sichtbar. Der Theaterraum mutiert so in einen in vielfacher Hinsicht durchlässigen Spiel-Raum, dessen Gestaltbarkeit beständig neu erforscht und erprobt wird.[24] Die Durchlässigkeit betrifft die Spielweise, die Kommunikation zwischen den Spielern, die sich auf Basis von getroffenen Spielverabredungen permanent gegenseitig herausfordern und das Publikum daran teilhaben lassen, wie sie diese Aufgaben bewältigen. Und sie betrifft die Kommunikation zwischen Spielern und Zuschauern insgesamt, indem alle Beteiligten auf verschiedenen Ebenen wahrnehmen können – und müssen. Der Theaterraum tritt so als permanent *gemachter* ins Zentrum der Aufmerksamkeit.

Wenn Performer sich selbst nicht mehr ausschließlich in den Dienst einer anderen Figur stellen, sondern Ausschnitte ihrer komplexen Umwelt zum Ausgangspunkt ihrer Arbeit machen, seien es politisch oder sozial relevante Themen, Biografien oder Orte, entsteht auch eine neue Durchlässigkeit des Theaterraumes nach außen.[25] Biografische, ortsspezifische und neuere dokumentarische Theaterformen und -formate schreiben sich so mit ihren Erzählungen in gesellschaftliche Handlungsräume ein.

Es soll hier nicht behauptet werden, dass diese Qualität, wenn sie denn in künstlerisch-pädagogischen Prozessen erfahrbar und sichtbar gemacht wird, Lernende dazu ermächtigt, auch andere soziale Handlungsräume hinsichtlich ihrer Gestaltungsmöglichkeiten zu erforschen und auszutesten. Aber es ist offensichtlich, dass die Lern- und Kommunikationsformen um ein vielfaches komplexer sind und der Lernraum als weitgehend selbst gestalteter erfahren werden kann, wenn die Performativen Künste in ihren vielfältigen Möglichkeiten ausgeschöpft und erprobt werden.

Die Art der Bezugnahme zwischen verschiedenen Wirklichkeitsebenen, zwischen Kunst und anderen sozialen Feldern ist in der Theaterverabredung heute

24 Die damit einhergehende Veränderung der Kunstform wie der Institution Theater wird kontrovers diskutiert, wobei deutlich wird, dass verschiedene Formen und Formate unterschiedliche soziale Relevanz besitzen können. Vgl. hierzu beispielsweise den in der *Süddeutschen Zeitung* geführten Wortwechsel zwischen Bernd Stegemann *Achtung, echte Menschen!* http://www.sueddeutsche.de/kultur/essay-achtung-echte-menschen-1.3318236 und Christian Holtzhauer *Die Regeln des Spiels* http://www.sueddeutsche.de/kultur/debatte-die-regeln-des-spiels-1.3340477 (eingesehen am 16.04.2017).

25 Vgl. hierzu auch Kapitel III.3, *Wie wirklich ist die theatrale Wirklichkeit? Zur sozialen Relevanz von theaterpädagogischen Projekten.*

vielfältig geworden. Orte, die die Akteure der Performativen Künste aufsuchen, ob in der Institution Theater oder anderswo, können so, mal auf Basis eines künstlerischen Anliegens, mal durch Impulse von außen, zu Räumen des Lernens und Umlernens, der Neuerfindung und Entwicklung werden.

Performative Schulbespielung

Auch die Schule ist bereits zum Ort performativer Raumerfindungen geworden. In manchen Theaterkursen schon lange, andernorts und aktuell begünstigt durch Veränderungen in der Kunstform selbst. In seinen sozialen Erkundungen hat das (Berufs-)Theater auch die Schule als Handlungsort entdeckt.

Beispielhaft sei auf das Projekt ›X-Schulen‹[26] verwiesen, das in der Kooperation zwischen dem Berliner Theater Hebbel am Ufer (HAU) und der Hector-Peterson-Schule in Berlin-Kreuzberg erfunden und durchgeführt wurde. Eine ganze Schule wurde zu einem performativen Handlungsraum und so von Schüler*innen,

Lehrer*innen und Künstler*innen temporär in einen künstlerisch-pädagogischen Lernort verwandelt, ausgestattet mit einer Vielzahl unterschiedlich strukturierter Räume. Diesem Beispiel folgte Hamburg, wo sich im Rahmen des Kooperationsmodells TUSCH Theater und Schulen in einem ›Kunstüberfall‹ gegenseitig herausforderten (Hilliger in Sting/Mieruch/Stüting 2012: 67–74). Die Liste ließe sich fortführen, doch soll hier auf *ein* Beispiel fokussiert werden. Die schon genannte Hector-Peterson-Schule hat, angestoßen durch das Modell TUSCH, die Kooperation mit dem HAU und die Teilnahme am Kulturagentenprogramm,[27] ein künstlerisch-kreatives Schulprofil entwickelt. Erklärtes Ziel ist es, für die Schüler*innen dieser *Brennpunktschule* auf sie selbst bezogene Lernmöglichkeiten zu entwickeln. Die Besonderheit des künstlerisch-pädagogischen Experiments besteht darin, dass personell wie räumlich über Theater- und Schulgrenzen hinweg zusammengearbeitet wird. Ein Probenraum des HAU steht der Schule als Schulraum zur Verfügung. Im Rahmen von regulärem Unterricht werden hier in der Zusammenarbeit zwischen Künstler*innen, Schüler*innen und Lehrer*innen sowie mit aktiver Unterstützung beider Institutionen die Performativen Künste erprobt.

26 Es handelt sich hierbei um eine Modifikation des von Matthias Lilienthal entwickelten Formats *X-Wohnungen;* vgl. http://www.tagesspiegel.de/kultur/fuer-sitzenbleiber/1873762.html (zuletzt aufgerufen am 16.04.2017).

27 Vgl. http://www.kulturagenten-programm.de/programm/programmbeschreibung/ (eingesehen am 16.04.2017).

Von solchen Beispielen lässt sich lernen, auch wenn der eigene Lehr- und Lernort nicht in einer Großstadt angesiedelt ist, wo manches leichter, anderes dringender sein mag. Eben dieses Beispiel, in dem die Performativen Künste zur Schulentwicklung beigetragen haben, ist hier skizziert, weil es Mut machen kann, neue Wege zu beschreiten.[28] Die gleiche Funktion sollen die folgenden Spielregeln haben, die auch als Handlungsaufforderung zur performativen Aneignung von Lernorten zu verstehen sind.

28 Es ist erst kürzlich eine Publikation erschienen, die Erfahrungen und Ergebnisse der Kooperation zwischen der *Hector-Peterson-Schule* und dem *Hebbel am Ufer (HAU)* zusammenfasst und reflektiert (vgl. Schlagenwerth 2016).

10 Spielregeln zur performativen Raumaneignung

1. Der Theaterraum ist als ein Ort zu begreifen und zu gestalten, an dem soziale Realität künstlerisch entwickelt wird.

2. Der Raum der Performativen Künste konstituiert sich in Bezügen auf historische, fremde, nahe, befremdliche und bekannte Situationen, Geschichten und Begebenheiten, die in ihren Bezügen zu den handelnden Subjekten erforscht und kommuniziert werden.

3. Die hier stattfindenden Lernhandlungen lassen sich mit Verben wie finden, erfinden, zeigen, recherchieren, proben, strukturieren, wiederholen, modifizieren, aushandeln beschreiben.

4. Jeder Raum kann in der performativen Bespielung als Theaterraum konstituiert werden.

5. Damit sich Lernende als eigenständig Handelnde erfahren können, muss der Theaterraum, wenn er denn als architektonischer Raum eine vorgegebene Struktur aufweist, hin und wieder auf den Kopf gestellt, gegen den Strich gebürstet, sprich, in allen möglichen Formen entgegen offensichtlicher Regeln bespielt werden.

6. Damit der Raum der Performativen Künste als künstlerisch zu bespielender Gestaltungsraum konstituiert und verstanden werden kann, ist den Performern das bewusste Changieren zwischen Spieler und Figur zu ermöglichen.

7. Im Gestaltungsvorgang der performativen Kunstformen ist ein Wechsel zwischen unterschiedlichen Aufgabenbereichen möglich und oftmals produktiv. Von der Norm abweichende Entscheidungsbefugnisse können Bestandteile von Raumgestaltung werden, öffnen neue Handlungsräume und Erkenntnisse über soziale Zusammenhänge.

8. Performative Aktionen in Schulen sollten so (mutig, subversiv, abweichend, aufsehenerregend) gestaltet sein, dass sie sich als Erzählung in die Geschichte des Ortes einschreiben können.

9. Damit Theaterlehrer den Raum der Performativen Künste als Gestaltungsraum erfahren können, sollten sie nicht an einen bestimmten Raum gebunden sein.

10. Um die verschiedenen gestaltenden Aufgaben erfüllen zu können, sind Theaterlehrern Räume des künstlerischen wie pädagogischen Austauschs und der Zusammenarbeit einzuräumen, im besten Fall institutionenübergreifend.

3. Handeln im Demokratiebezug Performativer Künste

Unter dieser Überschrift möchte ich zwei Perspektiven des Nachdenkens über den Demokratiebezug der Performativen Künste öffnen. Die erste Perspektive ist auf die Binnenstruktur einer Gruppe gerichtet. In Performancegruppen wie auch in vielen theaterpädagogischen Projekten ist es ein Ziel, demokratisch orientierte Entscheidungsprozesse zu erproben und tragfähige Formen hierfür zu entwickeln. In einem Mikrokosmos werden Aushandlungs- und Entscheidungsstrukturen getestet. Die zweite Perspektive betrifft die Einmischung, den Zu- oder gar Eingriff in das soziale Umfeld. Diese Perspektive mache ich stark, denn nach meinem Verständnis sollte pädagogisches Handeln unter demokratischen Vorzeichen die aktive Beteiligung von Kindern und Jugendlichen an sozialen Auseinandersetzungs- und Gestaltungsprozessen möglich *und sichtbar* machen. Einführend möchte ich den Denkzusammenhang, in dem diese Haltung steht, erläutern.

Handeln im Rahmen einer performativen Kunstform kann bedeuten, dass Kinder und Jugendliche eigene Formen der Einmischung finden, in denen sie ihre Positionen zu Handlungs- und Wahrnehmungsformen der Gesellschaft, zur Gestaltung sozialer Beziehungen, zu Wertvorstellungen u. a. m. öffentlich machen. Dies kann im besten Fall dazu herausfordern, in weiterführende Gespräche einzutreten. Eine solche Beteiligung der heranwachsenden Generation scheint mir nicht nur notwendiger Bestandteil von *Demokratielernen*, sondern auch einer lebendigen Zivilgesellschaft zu sein. Dabei nehme ich Bezug auf Theorien einer DELIBERATIVEN, also beratenden, aushandelnden, sich Zeit für einen öffentlichen Diskurs gebenden DEMOKRATIE, die als Bestandteil eines republikanischen Modells von Bürgerschaft zu denken ist.[29] Dieser auf eine Öffentlichkeit zielende Handlungsaspekt der Performativen Künste ist in der pädagogischen Diskussion unterbewertet. Dies zeigt sich im Vergleich zur Thematisierung von Gruppenprozessen, die in ihrem möglichen Demokratiebezug diskutiert werden, seit es das Schulfach DARSTELLENDES SPIEL/THEATER gibt.

29 Vgl. http://digital.csic.es/bitstream/10261/31935/3/%2BDeliberation%20-%20Enziklop%C3%A4die%202010.pdf (eingesehen am 16.04.2017); die Bedeutung von Kommunikationsformen, die auch auf körperliche Anwesenheit setzen, scheint mir in einer digitalisierten Gesellschaft eine wichtige Ergänzung zu sein.

Inzwischen steht mit der DEVISING PERFORMANCE eine für die Theaterpädagogik umfassend reflektierte Arbeitsform zur Verfügung, die Basis demokratischer Entscheidungen für die künstlerische Erarbeitung in einer Gruppe sein kann. Allerdings geht es in der Arbeitsform der DEVISING PERFORMANCE nicht primär darum, Demokratie zu praktizieren, beispielsweise indem über ein Thema oder eine Raumgestaltung abgestimmt wird, sondern die Arbeitsweise zielt darauf, die verschiedenen Wahrnehmungen, Stimmungen und Haltungen einer Gruppe in einer Stückentwicklung einzufangen (vgl. Hartmann in Hilliger 2009: 113–139). Die kollektive Entwicklung eines Ereignisses oder einer Präsentation ist somit Teil der künstlerischen Arbeitsweise.

Es wird deutlich, dass die Perspektive der Binnenstruktur einer Gruppe und die Perspektive der Sichtbarmachung von künstlerischen Ergebnissen eng zusammenhängen. Beteiligung in dieser Form wird in künstlerisch-pädagogischen Arbeitsprozessen allerdings nicht immer praktiziert. Gerade unter schulischen Bedingungen ist es oftmals schwer, das Kollektive eines Erarbeitungsprozesses als Teil des Künstlerischen zu praktizieren, Regeln und Formen der Zusammenarbeit auszuhandeln und Ergebnisse zu zeigen, die auch irritieren, vielleicht sogar verstören dürfen.

Hinzu kommt, dass hier wie anderswo die künstlerisch-pädagogische Beziehung zumeist auf einer Ungleichheit der Voraussetzungen basiert, was Wissen, Erfahrung, zumeist Alter, manchmal auch soziokulturelle Zugehörigkeit angeht – und ganz sicher, was die Position in der Hierarchie einer Institution wie der Schule betrifft. Und hier wie anderswo sind die Akteure mit festgefügten pädagogischen Grundsätzen konfrontiert, die diese Hierarchie stützen.[30]

Wie können künstlerisch-pädagogische Akteure fachfremde Menschen – am besten in einer lustvollen Atmosphäre – an einen speziellen künstlerischen Ausdruck heranführen, gleichzeitig für deren Anliegen eine Ausdrucksform finden, die ihnen nicht von außen übergestülpt, geschweige denn gegen sie durchgesetzt wird – und dann ein Ergebnis präsentieren, das künstlerisch spannend ist und zugleich mit den Menschen zu tun hat, mit denen gearbeitet wurde?
Welche Rolle spielt das institutionelle Umfeld, in dem theaterpädagogische Projekte stattfinden?

30 Solche Haltungen kommen keineswegs nur von außen und werden in den kollektiven Arbeitsprozessen immer mit verhandelt.

Wie ist damit umzugehen, wenn, wie an manchen Theatern und vielen Schulen, die Komplexität und die Ernsthaftigkeit der performativ-pädagogischen Arbeit nicht gewürdigt, ja nicht einmal erkannt werden?
Wenn sich Akteure in einer institutionellen Nische wiederfinden, wie können dann die speziellen und vielfältigen Möglichkeiten der Kunst, sich in das Politische einer Gesellschaft einzumischen, ihre Wirkung entfalten?
Können aus einer Abseitsposition heraus überhaupt die Funktionsweise und die Ausformung der Institution gestaltet werden, der die Akteure angehören?

Diese Fragen werden im Folgenden unter Bezugnahme auf handlungsorientierte Demokratietheorien und verschiedene Vorstellungen von sozialer Partizipation diskutiert.

Streitbare Demokratie als Rahmen für künstlerisch-pädagogisches Handeln

Die zeitgenössischen politikwissenschaftlichen sowie philosophischen Positionen, denen ich mich hier anschließe, begreifen die Demokratie als grundsätzlich streitbare. So vielfältig sie in ihrer Ausformulierung dieses Ansatzes sind,[31] teilen sie doch »ein Verständnis des Politischen, das auf die unhintergehbaren Momente des Dissenses und Widerstreits, des Ereignisses, der Unterbrechung und Instituierung abhebt« (Bröckling/Feustel 2012: 8). Ihre Vertreter*innen glauben nicht daran, dass sich über eine wie auch immer geartete Form von Kommunikation Konsens über strittige Fragen herstellen ließe. Konsensorientierung tendiere vielmehr dazu, Machtverhältnisse zu verschleiern. Ihr Demokratieverständnis ist radikal,[32] denn alles außer der Demokratie selber bleibt verhandelbar.

Damit wird Prozessbezogenheit zur Qualität demokratischen Handelns. »Demokrat sein hieße, handeln unter der Prämisse, daß wir niemals in einer ausreichend demokratischen Gesellschaft leben.«[33] Der Historiker Pierre Rosanvallon legt den Akzent auf den (Entwicklungs-)Prozess des Politischen, um die Kritik an einem formalisierten, erstarrten Politikverständnis in eine aktive, kreative Entfaltung

31 Ein Überblick findet sich in Bröckling/Feustel 2012.

32 In der Begrifflichkeit wird Bezug auf Laclau/Mouffe genommen, die den Begriff der *Radikalen Demokratie* geprägt haben (vgl. Laclau/Mouffe 2012).

33 Der Historiker Rudolf Walther bezieht sich mit diesen Worten auf den Philosophen Jacques Derrida in dem Essay *Langweilig wird sie nie*; vgl. http://www.taz.de/!506701/ (eingesehen am 16. 04. 2017).

demokratischer Beteiligungsformen zu wandeln. Das Überleben der Demokratie als politische Form sei an eine soziale Form gebunden, in der sich »Gleiche als Freie und Freie als Gleiche begegnen können« (vgl. Rosanvallon 2011/12: 43ff.). Dies beschreibt keinen Endzustand, vielmehr wird Demokratie in dieser Auffassung als beständig im Werden begriffen. Dem Philosophen Ernst Bloch ist zuzustimmen, wenn er formuliert: »Es gäbe eben gar keinen Prozeß, wenn nicht etwas wäre, das so nicht sein sollte.« (Bloch in Teller/Uhl 1994: 703).

Ich möchte mich an dieser Stelle auf die Position der Politikwissenschaftlerin Chantal Mouffe beziehen, deren Demokratieverständnis einen Raum eröffnet, um den Beitrag der Performativen Künste für gesellschaftliche Auseinandersetzungs- und Verhandlungsprozesse zu würdigen. Mouffe legt eine Theorie vor, in der sie mit Verve auf die grundsätzliche Veränderbarkeit aller gesellschaftlichen Verhältnisse verweist: »Jede Ordnung ist die temporäre und widerrufliche Artikulation kontingenter Verfahrensweisen.« (Mouffe 2015: 26). Für meine weiteren Ausführungen ist dies die zentrale Erkenntnis. Kontingenz bedeutet zunächst einmal, dass alles, was ist, nicht notwendig so sein müsste. In dem hier entwickelten Denkzusammenhang sind die Unabgeschlossenheit und prinzipielle Offenheit von Wahrnehmung, Wissen, aber auch von Strukturen des Zusammenlebens und -arbeitens relevant.

Mouffes Beharren auf der Kontingenz jedweder Ordnung – »Es könnte immer auch anders sein.« (ebd.: 27) – ist mit einem kritischen Blick gegenüber einem idealistischen Menschenbild verbunden: »Der gute Kern und die ursprüngliche Unschuld des Menschen galten in der demokratischen Theorie lange als Voraussetzung einer lebensfähigen Demokratie schlechthin. Im allgemeinen war eine idealisierte Anschauung von der menschlichen Gesellschaftlichkeit, die sich im Wesentlichen durch Empathie und Reziprozität leiten ließe, die Grundlage des modernen demokratischen Denkens.« (Mouffe 2015: 9). Mouffe sieht demgegenüber Machtverhältnisse als grundlegend auch für demokratische Entscheidungsprozesse an, die sich weder über konsensorientierte Kommunikation noch durch eine breite Bürgerbeteiligung an Einzelentscheidungen auflösen ließen.[34]

Sie plädiert deshalb für ein Demokratiemodell, in dem der Streit um Positionen sichtbar bleibt und offen ausgetragen wird. Es ist dann eine politische Aufgabe, Verfahrensweisen und institutionelle Rahmenbedingungen zu schaffen, die den Konflikt als notwendigen Bestandteil einer pluralistischen Gesellschaft so

34 Mouffe bezieht damit eine Gegenposition zu Jürgen Habermas (vgl. Habermas 1990).

kanalisieren, dass er innerhalb einer demokratischen Ordnung ausgetragen werden kann. Eine solche Demokratie bezeichnet sie als agonistische.[35]

An dieser Stelle bietet sich eine Unterbrechung der politikwissenschaftlichen Argumentation an. Nicht nur hat Agon, im weitesten Sinne mit Wettstreit zu übersetzen, als zentraler Begriff der attischen Demokratie schon früh Eingang in die Theatertheorie gefunden, wo er im Sprachfeld von Rede und Gegenrede, von Antagonist und Protagonist in Erscheinung tritt. Wesentlicher noch erscheint mir, dass die Nähe zur künstlerischen Reflexion und Intervention schon in Begrifflichkeiten wie *streitbar* oder *radikal* mit Händen zu greifen ist. Es kann in dieser Bezugnahme über einen aktiven Umgang mit den Widersprüchen und Unwägbarkeiten nachgedacht werden, in denen das pädagogische Handeln in den Performativen Künsten steht. Hierfür sollen zunächst gängige Erwartungen an die Entwicklung von Demokratiefähigkeit durch theaterpädagogisches Handeln kritisch reflektiert werden.

Kompromissfähigkeit als pädagogischer Output der Performativen Künste?

Wird Theaterarbeit an Schulen als wichtig erachtet, so oftmals mit dem Hinweis, dass die damit verbundene Gruppenerfahrung eine sinnvolle Vorbereitung auf demokratisches Handeln darstelle. Hier sollen Kinder und Jugendliche Positionen anderer respektieren lernen. Dies könne der Vorbereitung auf die Anforderungen einer pluralistischen Demokratie dienen. In einer Theatergruppe erfahren die Performer beispielhaft, so die gängige Argumentation, dass sie aufeinander angewiesen sind. Sie sollen dazu befähigt werden, Handlungsformen im Kollektiv zu finden, indem sie lernen, Kompromisse zu schließen.

Die Kompromissbereitschaft resultiere daraus, dass das gemeinsame Ziel einer Aufführung harmonisierend wirke. In der Annahme einer Strukturähnlichkeit zwischen Handeln in Lehr-Lern-Organisationen und Gesellschaftsorganisationen wird auf Transferlernen und auf die Zukunft gesetzt.

Demgegenüber betone ich die Handlungsdimension einer aktuell wirksamen sozialen Einmischung auf Basis einer künstlerisch orientierten Positionierung.

35 In einer agonistischen Verfasstheit von Demokratie ließe sich Kontingenz erhalten, was sich nicht zuletzt gegen die viel beschworene Politikverdrossenheit in neoliberal organisierten Gesellschaften richten könnte.

Kompromissfähigkeit als pädagogisches Ziel richtet sich auf die Binnenstruktur einer Gruppe. Wird hier über Kompromisse Harmonie angestrebt, so hat das, wie auch in der oben skizzierten Argumentation deutlich wird, Auswirkungen auf das künstlerische Ergebnis. Es trägt die in einer Gruppe angestrebte Harmonie in sich. Zweifellos sind Kompromissfähigkeit und Respekt vor der Haltung anderer als Ziele von Demokratielernen hoch relevant.[36] Doch sind dies von außen an den künstlerischen Arbeitsprozess herangetragene pädagogische Ziele, die mit der Besonderheit hier stattfindender Positions- und Formfindung nur rudimentär etwas zu tun haben. Auch in einer kollektiven Erarbeitung bleiben diese an subjektive, das heißt *besondere* Perspektiven gebunden, für die ein eher zugespitzter denn harmonisierter Ausdruck gefunden werden sollte. Dann nämlich kann die Arbeit Teil einer öffentlichen Auseinandersetzung über möglicherweise abseitige, streitbare, ungewöhnliche oder auch von vielen geteilte Erfahrungen, Einsichten, Ansichten und Haltungen werden.

Die durchaus komplizierte pädagogische Aufgabe gegenüber einer Gruppe ist es also, Vielstimmigkeit, Diversität, Differenz, vielleicht auch Dissens herauszufordern, verhandelbar und sichtbar zu machen. Für *alle* in einer Gruppe ist dafür Voraussetzung, zunächst fremde Positionen in ihren biografischen und sozialen Begründungen zu erfahren und zuzulassen. Das heißt selbstverständlich nicht, dass alle Positionen akzeptiert werden müssen.

Arbeitsprozesse, die mit der Betonung von Diversität und Differenz in Verbindung gebracht werden können, lehnen sich an den oben skizzierten demokratietheoretischen Ansatz an. Chantal Mouffe betont, dass ein in demokratischen Verfahren überstimmter Gegner sich zwar geschlagen geben müsse, aber damit nicht zwingend dem politischen Gegner zustimme. Das klingt zunächst selbstverständlich. Es wirkt aber demokratieschädigend, wenn die abweichende Stimme nicht sichtbar bleibt, sondern in einer Konsensorientierung verschluckt wird. Dann ist sie faktisch ausgeschlossen. In einer Ordnung, die nicht dazu tendieren soll, autoritär zu werden, müssen Dissens und Konflikt offengelegt werden. »Konsens ist zweifellos notwendig, er muß aber von Dissens begleitet werden.« (Mouffe 2015: 43).

36 In einer positiven Variante hört sich das so an: »Zusammen mit Kunst und Musik gehört Darstellendes Spiel zu den Fächern, die einen ästhetisch-expressiven Modus der Weltbegegnung ermöglichen und einen Beitrag zum Verständnis künstlerischer Formen, menschlicher Möglichkeiten und soziokultureller Zusammenhänge leisten. (…) In der eigenen theatralen Gestaltung und der Auseinandersetzung mit Produkten öffentlicher und medialer Inszenierungen entwickeln die Schülerinnen und Schüler in besonderer Weise gegenseitiges Vertrauen und wechselseitige Akzeptanz und sie lernen – wenn sie im Ensemble agieren – mit Gruppendynamik umzugehen. Kritik- und Urteilsfähigkeit untereinander werden gefördert.« (*Bildungsplan für die gymnasiale Oberstufe und Qualifikationsphase im Land Bremen*).

Die Anerkennung des Konflikts und die Weigerung, »ihn durch Auferlegung einer autoritären Ordnung zu unterdrücken« (ebd.: 42), macht gerade die Besonderheit demokratischer Verhältnisse aus.

Entscheidend für den hier entwickelten Argumentationsgang, der das Demokratische der Theaterpädagogik auf verschiedenen Ebenen herauszustellen sucht, ist, dass Konsens immer Ausschluss impliziert. Bietet Partizipation, oft neben der Gruppenorientierung als demokratisches Ziel performativer Projekte genannt, eine Perspektive?

Partizipation als demokratische Beteiligungsform?

Der Begriff der Partizipation ist in der zweiten Hälfte des 20.Jahrhunderts zu einem zentralen theatertheoretischen Begriff geworden. Er bezeichnet veränderte Raum- und Spielanordnungen, die die Zuschauer in Prozesse der Kunstproduktion aktiv involvieren, bisweilen zu Ko-Produzenten machen (vgl. Czirak in Fischer-Lichte/Kolesch/Warstat 2014: 242–248). Hanne Seitz, Theoretikerin der ästhetischen Bildung, fasst es so: »Partizipation ist das Zauberwort, mit dem sich Theaterhäuser landauf landab neue Inhalte, neue Formate und neues Publikum ›zumuten‹.«[37] (Seitz 2014/15) .

Im Zusammenhang mit Bildungsprozessen steht der Begriff aber nicht in einem theatertheoretischen Bezug, sondern lehnt sich an die Verwendung in politischen und soziologischen Theorien an, wo er sich auf die Teilnahme an der repräsentativen Demokratie, an ihren Institutionen und Organisationen bezieht. In Projekten kultureller Bildung soll die Beteiligungsbenachteiligung einer zunehmenden Zahl von Kindern und Jugendlichen, die in schwierigen sozialen Verhältnissen aufwachsen, aufgefangen oder ihre Benachteiligung zumindest gemildert werden. Kunstprojekte an *Brennpunktschulen* scheinen tatsächlich nicht selten zum Garant dafür zu werden, dass Unterricht hier überhaupt (wieder) stattfinden kann.[38] Und das Förderprogramm KULTUR MACHT STARK des BUNDESMINISTERIUMS FÜR BILDUNG UND FORSCHUNG[39] zielt explizit auf sozial und bildungsbe-

37 Vgl. https://www.kubi-online.de/artikel/modi-partizipation-theater-zuschauer-bleiben-publikum-werden-performer-sein (eingesehen 16.04.2017).

38 Das Beispiel der *Rütlischule* ist weit über die Grenzen Berlins bekannt; vgl. z. B. http://www.spiegel.de/schulspiegel/wissen/ehemalige-ruetli-schule-vom-schlachtfeld-zum-bildungsidyll-a-724761.html (eingesehen am 16.04.2017).

39 Vgl. http://www.buendnisse-fuer-bildung.de/ (eingesehen am 16.04.2017).

nachteiligte Kinder und Jugendliche ab. Diese sollen durch künstlerisch-soziale Projekte in das kulturelle Leben ihrer Gesellschaft überhaupt erst hineingeholt werden. Die Antragssteller müssen somit auch die kulturelle Exklusion ihrer Klientel nachweisen.

So gesehen steht der Begriff der Partizipation in enger Nachbarschaft zu defizitären Situationen in der Politik und in den sozialen Verhältnissen – und in der Kritik. Es besteht der nicht unberechtigte Verdacht, dass partizipatorische Praktiken strukturelle Benachteiligungen nur verdecken helfen. Der Architekt Markus Miessen bringt diese Möglichkeit mit dem Titel seiner Publikation ›Albtraum Partizipation‹ anschaulich auf den Punkt (Miessen 2012). Partizipation werde, so Miessen, als demokratisches Ziel fragwürdig, wenn sie die Erwartung wecke, »dass, wenn jeder beteiligt wäre und partizipieren würde, ein Konsens erreicht und volle Demokratie verwirklicht werden würde« (ebd.: 103).

Diese auch für die Bildungswissenschaften wichtige Diskussion soll hier nicht weiter vertieft werden, denn das Augenmerk ist auf künstlerisch-pädagogisches Handeln unter demokratischen Vorzeichen gerichtet. Aus dieser Perspektive sind die Beförderung, Bereitstellung oder Erweiterung von Handlungsfeldern kultureller Bildung erst einmal grundsätzlich positiv zu werten. Allerdings fordert der von mir vertretene Ansatz, das Pädagogische von der Kunst her zu denken, den deutlichen Einbezug der künstlerischen Perspektive. Dies bezieht sich hier nicht auf die Zuschauerpartizipation, sondern auf die der Teilnehmenden.

Die Qualität der Beteiligung an einem Projekt kultureller Bildung bemisst sich dann daran, ob die soziale Differenz, die dem Ausschluss zugrunde liegt, sichtbar bleiben darf oder in einer Konsensorientierung verschwindet. Primäres Gestaltungsziel soll sein, für divergierende Positionen und Erfahrungen eine künstlerische Form zu finden. Denn wenn – im schlimmsten Fall – sozial bedingte Brüchigkeit, kulturelle Identität oder subjektive Hybridität unter einem übergeordneten Begriff von (Leit-)Kultur ausgelöscht werden, kommt es unter dem Deckmantel von Beteiligung erneut zu Ausschlüssen. Das heißt ausdrücklich nicht, dass die biografische Situation der Beteiligten zwingend zum Thema von Projekten werden muss. Ganz im Gegenteil kann der Ausgangspunkt für eine solche Arbeit vielfältig und auch für die Beteiligten fremd sein. Sie müssen aber die Chance der Aneignung unter ihrer subjektiven Perspektive erhalten.

Damit richtet sich der Fokus erneut auf die Binnenstruktur einer Gruppe, die ich unter Bezugnahme auf den Begriff der Ko-Produktion denken möchte. Ko-Produktion steht hier für eine Beteiligung, die maßgeblichen Einfluss auf den

Prozess theatraler Kommunikation nimmt und zentral beteiligt ist an der Generierung des künstlerischen Bedeutungsraumes. Diese Begrifflichkeit ist bar jeder Wertung – bei aller Unterschiedlichkeit der Positionen im Produktionsprozess. Das ist nur deshalb möglich, weil das konkrete Geschehen zwar dramaturgische Eckpunkte haben mag, in denen es sich entfaltet, aber in der Generierung von Bedeutungen für die teilnehmenden Subjekte grundsätzlich offen ist. In dieser offenen Form kann Ko-Produktion für die Zusammenarbeit zwischen Performern und künstlerisch-pädagogischen Akteuren gedacht werden.

Die leere Mitte der Macht

An dieser Stelle möchte ich noch einmal auf die Demokratietheorie von Chantal Mouffe zurückkommen, um von hier aus eine Neubestimmung des pädagogischen Verhältnisses in pädagogisch-künstlerischen Projekten vornehmen zu können.

Gegenüber einer Konsensorientierung wird, wie weiter oben ausgeführt, in radikalen Demokratietheorien auf Streitbarkeit gesetzt, um die Machtfrage, die sich innerhalb jedweder sozialen und politischen Ordnung stellt, variabel und offen zu halten. Diese Offenheit geht auch in einer grundsätzlich liberalen Gesellschaft verloren, wenn übergeordnete, zumeist ökonomische Interessen als gewinnbringend für alle Mitglieder behauptet werden. Die Behauptung, es gebe zu bestimmten Entscheidungen keine Alternative, höhlt die Demokratie aus, weil Kontingenz verneint wird.

Bedingung und Voraussetzung von Demokratie ist aber, dass das Zentrum der Macht leer ist und in demokratischen Verfahren und Auseinandersetzungen immer wieder neu bestimmt und begründet werden muss.[40] Die Skepsis von Vertreter*innen einer radikalen Demokratietheorie gegenüber der Konsensorientierung basiert denn auch auf der Beobachtung, dass die Regeln des »demokratischen Sprachspiels« (Mouffe 2015: 46), das alle Bereiche der Politik wie des Politischen umfasst, unter dieser Prämisse schon festgelegt erscheinen.

Indem sie auf die leere Mitte der Macht verweist, kann Kunst politische Relevanz gewinnen,[41] auch ohne unmittelbar in soziale Verhältnisse intervenieren zu

40 Alternative Positionen rücken sonst in eine naive, rückwärtsgewandte oder in anderer Weise unzeitgemäße Ecke.

41 Sie kann natürlich auch Machtstrukturen stabilisieren, indem sie als unhinterfragbar behauptete Positionen stützt.

wollen, sich selbst als relational, partizipatorisch oder in anderer Weise politisch zu bezeichnen. Kunst verweist auf Kontingenz, indem sie (Kommunikations-) Verfahren erfindet, Wahrnehmungsweisen ermöglicht und Formen entwickelt, die aus dem gängigen gesellschaftlichen Diskurs ausgeschlossenen sind. Oder indem abseitige, marginale oder unterdrückte Positionen und Haltungen sichtbar und verhandelbar gemacht werden. Das soziale Feld der Kunst ist in nicht autoritären, demokratischen Gesellschaften gar nicht anders zu denken als kontingent, indem hier Gewissheiten infrage gestellt, neue Sichtweisen erprobt und ungewöhnliche Perspektiven eingenommen werden. Kunst kann die Fragwürdigkeit einer mit Bedeutung bereits besetzten Mitte reflektieren und Vorschläge machen, wie diese Mitte neu und anders zu füllen sei, auch und gerade von den Rändern her.[42]

Pädagogik in den Künsten als radikaldemokratische Praxis

Der bis hierhin entwickelte Argumentationsgang stützt die Anfangsthese dieses Kapitels, dass sich die Qualität des Binnenverhältnisses in einem künstlerisch-pädagogischen Projekt und seine soziale Relevanz wie künstlerische Form in einem Wechselverhältnis befinden. Er legt zudem den Schluss nahe, dass eine streitbare Demokratie in einer offenen Gesellschaft nur dann verwirklicht werden kann, wenn die Pädagogik von dem Gedanken der Kontingenz nicht ausgeschlossen bleibt, schließlich spielen Machtbeziehungen hier eine nicht unerhebliche Rolle.

Es bietet sich also die Chance, pädagogische Verhältnisse auf Basis radikaler Demokratietheorien zu reflektieren. Dabei wird von mir die provakante Frage gestellt, ob nicht auch die pädagogische Mitte grundsätzlich erst einmal als leer gedacht werden muss. Denn auch hier gilt: Was »in einem bestimmten Augenblick für die ›natürliche‹ Ordnung gehalten wird – gemäß dem ihr entsprechenden ›common sense‹ – ist das Ergebnis sedimentierter Verfahrensweisen; es ist niemals Manifestation einer tieferen Objektivität, die sich von den Verfahrensweisen trennen ließe, denen es sein Dasein verdankt.« (Mouffe 2015: 27).

Dieser Argumentationsgang macht auch sichtbar, dass es insbesondere die künstlerischen Handlungsfelder sind, die einige scheinbare gesellschaftliche Gewissheiten und Übereinkünfte über Pädagogik immer wieder infrage stellen

42 Nicht zufällig schränken autoritäre Regime nicht nur die Presse-, sondern auch die Kunstfreiheit ein, was aktuell schmerzhaft zu beobachten ist.

können und müssen, um dieses für eine Demokratie so wesentliche Feld offen zu halten.

Hierzu sollen im Folgenden einige Vorschläge gemacht werden. Sie sind nicht nur aus der theoretischen Reflexion heraus entwickelt worden, sondern beziehen sich auch auf Erfahrungen künstlerisch-pädagogischer Praxis. In Projekten und im Theaterunterricht an Schulen gibt es eine Vielzahl von künstlerisch-pädagogischen Akteuren, die sich entsprechend der Arbeitsform der DEVISING PERFORMANCE in Ko-Produktionen mit Amateuren begeben, neue pädagogische Haltungen erproben und ästhetische Ausdrucksformen entwickeln. Auch wenn es inzwischen eine Reihe von Publikationen zu entsprechenden Projekten gibt, befinden sie sich eher an den Rändern des pädagogischen Diskurses, erhalten in dieser Publikation aber eine zentrale Position (vgl. Schlagenwerth 2016, Schlie/Willenbacher 2016).

Die leere Mitte pädagogischer Begründungen in den Performativen Künsten

Für ein künstlerisch-pädagogisches Handlungsfeld ist von besonderer Bedeutung, dass es keine letzten und festen Begründungen für bestimmte pädagogische Haltungen oder Verfahrensweisen geben kann. Dies begründet sich aus der Nähe zur Kunst wie aus dem notwendigen Bezug auf die Singularität der jeweiligen Gruppe und ihrer Mitglieder. In der Anwendung von – im schlimmsten Fall immer gleichen – Lehrmethoden ist es niemals möglich, die Spezifik einer Gruppe zu erfassen und eine relevante künstlerische Arbeit zu entwickeln. Lehrende werden immer auch zu Forschenden in einem erst zu entwickelnden (performativen) Bedeutungsraum. Unterstützung bieten Publikationen zu Arbeitsformen von Performancekollektiven, zur Didaktik und Methodik der Performativen Künste (vgl. z. B. Deck/Primavesi 2014, Kämpf-Jansen 2001, Klein 2011, Klepacki/Zirfas 2005, List/Pfeiffer 2009, Mörsch 2007, Plath 2016, Sack 2011 und Sternfeld 2014) sowie bereits gesammelte pädagogische Erfahrungen. Welche Praxis daraus resultiert, ist Gegenstand von Verhandlungen: in der Theorie, im Gespräch mit Kollegen und in der Arbeit mit einer Gruppe. Solche Verhandlungen schließen die Bereitschaft zu möglicherweise konflikthaften Auseinandersetzungen mit ein. So schreibt der Sozialwissenschaftler Oliver Marchart: »Denn wo es ohnehin keine Alternativen gibt, dort muss man sich auch nicht um Alternativen streiten.

Kontingenz ist an Konflikt gebunden, provoziert Konflikt. Und umgekehrt führt Konflikt zu Kontingenzerfahrung, denn im Zusammenstoß von Alternativen wird erfahrbar, dass die Dinge auch anders liegen könnten.« (Marchart 2013: 8). Es ist Aufgabe von Bildungsinstitutionen, für solche Auseinandersetzungsprozesse Formen zu finden und ihnen Zeit einzuräumen.

Agonistische performative Praxis

Richtet sich die leere Mitte pädagogischer Begründungen eher auf die *Binnenstruktur* einer Gruppe, so akzentuiert eine agonistische theaterpädagogische Praxis die Wechselwirkungen mit einem *Außen*. Sie betrifft die Bereitschaft, sich mit einer künstlerischen Arbeit in eine streitbare Position zu begeben. Das kann beispielsweise bedeuten, die Erwartungen der Institution Schule an eine gefällige, *nette* Aufführung zu enttäuschen, was Mut und Auseinandersetzungsbereitschaft erfordert. Die sozialen Erwartungen sind in der Regel auf Harmonie gerichtet, doch haben Kinder und Jugendliche auch anderes zu sagen, was im alltäglichen Leben eher keinen Ort findet. Die Arbeit ›That Night Follows Day‹, die der Künstler Tim Etchells mit Kindern für Erwachsene entwickelte, konfrontiert diese beispielsweise damit, wie sehr sie die Welt der Kinder mit ihren Sichtweisen, Wünschen und Projektionen beherrschen: »Ihr versucht, uns etwas über die Welt zu erzählen. Ihr erklärt uns, was Liebe ist. Ihr erklärt uns, was Krieg bedeutet. Ihr küsst uns, während wir schlafen. Ihr flüstert, wenn Ihr denkt, wir würden nichts hören. Ihr erklärt uns, dass die Nacht auf den Tag folgt.«[43]

Die Aufgabe performativer Projekte kann es sein, auch für unsagbar Scheinendes gestalterische Möglichkeiten zu finden und hierfür eine Dramaturgie zu entwickeln. Das hat nicht nur eine Funktion für die Teilnehmenden, die auf diese

43 Bekannt als Autor, Regisseur sowie Mitglied der britischen Performancegruppe *Forced Entertainment* hat Tim Etchells gemeinsam mit 16 Kindern zwischen acht und 14 Jahren das Stück *That Night Follows Day* geschrieben. Die jungen Performer*innen zeigen auf, wie ihre Welt durch die moralischen und erzieherischen Prinzipien und Methoden der Erwachsenen bestimmt wird. Bei dieser Performance handelte es sich um die zweite *CAMPO*-Produktion mit Kindern für ein erwachsenes Publikum, die mit *Übung* (2001) von Josse De Pauw begannen und schließlich mit *Before Your Very Eyes* (2011) von *Gob Squad* beendet wurden. Es folgten eine deutsche Sprachversion von *That Night Follows Day* für *Deutschlandradio Kultur* sowie 2009 eine neue Bühnenfassung für u. a. das *PuSh Festival* in Seattle. 2011 begann Tim Etchells gemeinsam mit *Forced Entertainment,* Workshops für Kinder und Jugendliche durchzuführen und Versionen der Performance zu erarbeiten, die sich auf unterschiedlichste Orte übertragen lassen; vgl.: http://timetchells.com/projects/that-night-follows-day/ und http://www.kampnagel.de/de/programm/that_night_follows_day (eingesehen am 16.04.2017).

Weise sichtbar werden, sondern stellt zudem eine Herausforderung für das soziale Umfeld dar.

Der Begriff der Partizipation wird für diesen Vorgang dann wieder sinnvoll, wenn man sich nicht auf die etymologische Bedeutung des Substantivs als Beteiligung, sondern auf die Verbform bezieht, die nehmen, ergreifen oder auch fangen bedeutet.

Doch was kann hier (ein-)gefangen, ergriffen, genommen werden? Die aktive künstlerisch geprägte Positionierung der heranwachsenden Generation wird Gegenstand und Teil der Auseinandersetzung über die Zukunft der Gesellschaft. Insbesondere junge Menschen, denen noch keine politische Stimme zugestanden wird, entwickeln so eine hör- und sichtbare, sinnlich und intellektuell unmittelbar wahrnehmbare Stimme. In der künstlerischen Gestaltung kann diese Stimme eine eigene Präzision und Kraft entfalten, gerade weil die Wirklichkeit, die *Dramaturgie* des Theaters eine andere ist als die des Alltags. Und es ist eine Stimme, die nicht einfach nur zur Kenntnis genommen werden muss, sondern der sich ein Publikum in der theatralen Kommunikation zu stellen hat, die es als soziale Wirklichkeit erfährt, von der es im Theaterraum ein Teil wird.[44] Wenn in einer künstlerisch-pädagogischen Arbeit eine vielleicht auch radikale, auf jeden Fall ästhetische Form für die Haltung, die Erfahrungen und die Sicht junger Menschen gefunden wird, dann geht es nicht um ein Stück zugeteilter Partizipation, sondern um umfassende gesellschaftliche Teilhabe – verstanden als Inbesitznahme. Hier bekommen junge Menschen keine von anderen bemessenen Beteiligungsportionen, sondern machen sich selbst stark, indem sie sich einbringen.

Demokratie praktizieren

Das einzelne Subjekt, das im Rahmen einer als Ko-Produktion verstandenen performativen Praxis in Gestaltungsprozesse einbezogen ist, erfährt praktizierte Demokratie. Das erscheint insbesondere im Hinblick auf die Bedingungen schulischen Lernens und auf den Mangel an gelebter Demokratie, den Kinder und

44 Ist vielleicht immer noch gültig, was Walter Benjamin 1928 schrieb: »Die Selbstsicherheit des parlamentarischen Stumpfsinns kommt gerade daher, daß die Erwachsenen unter sich bleiben.« Und weiter: »Daher kommt es, daß die Aufführungen des Kindertheaters auf Erwachsene als echte moralische Instanz wirken müssen. Es gibt keinen möglichen Standort für überlegenes Publikum vorm Kindertheater. Wer noch nicht ganz verblödet ist, der wird sich vielleicht schämen.« (Benjamin 1969: 79 – 86).

Jugendliche hier noch immer erfahren, besonders zentral. Die Bildungsforscher Wolfgang Edelstein und Peter Fauser konstatieren, dass es durchaus üblich sei, Demokratie als Norm für Politikverhältnisse, nicht aber für Erziehungsverhältnisse einzuklagen.[45]

Demokratie praktizieren heißt hier, dass auch Erwachsene und Kinder ihren Umgang miteinander verhandeln. Eine solche Verhandlung ist das Gegenteil eines Laissez-Faire, denn es hat die Auseinandersetzung mit der jeweils anderen Position zur Voraussetzung. In der Theaterpädagogik geht es dabei immer um etwas Drittes und somit um die Frage, wie man sich in eine gemeinsame Arbeit unter ungleichen Voraussetzungen gleichmäßig einbringen kann. Unter dieser Prämisse ist das pädagogische Verhältnis zwischen Kindern, Jugendlichen und Erwachsenen immer wieder neu aushandelbar.

Demokratie in Gestaltungsprozessen zu erfahren, ermöglicht nicht nur, sich auf diese Weise zu den sozialen Lebensverhältnissen zu positionieren. Es ist damit die Erfahrung verbunden, dass die Aushandlungsprozesse nur auf Basis einer intensiven Beschäftigung mit dem Gegenstand sowie mit Haltungen und Positionen anderer stattfinden können. Diese Erfahrung und das, was Subjekte sich hier aneignen können, ist selbstverständlich nicht nur für Heranwachsende zentral, für sie aber besonders wichtig.

Künstlerisch-pädagogische Akteure haben in ihren Haltungen und Handlungen hier eine zentrale Funktion. Ich plädiere mit (demokratisch inspirierter) Leidenschaft dafür, nicht vor der Arbeit in Institutionen zurückzuschrecken. Die Schule wie auch das Theater sind Orte, an denen es sich lohnt, sich künstlerisch wie pädagogisch auseinanderzusetzen und Einfluss zu nehmen![46]

Eine theaterpädagogische Arbeit, deren Akteure sich im Rahmen der Performativen Künste auch streitlustig (mit Lust und künstlerischer List) mit den Gegebenheiten ihres sozialen Umfeldes und ihrer Gesellschaft auseinandersetzen, kann Dynamiken in Gang setzen. Es gilt, die institutionelle Einbindung zu suchen und hier die künstlerisch-pädagogische Arbeit – beispielsweise als Unterbrechung von Alltagsroutinen – zu gestalten.

45 »Empirisch orientieren sich weder alle politischen noch alle pädagogischen Verhältnisse an einer solchen Maxime, und es ist durchaus nicht ungewöhnlich, ›Demokratie‹ als Norm zwar für die Regierungsverhältnisse, nicht aber für die Erziehungsverhältnisse einzuklagen.« (Edelstein/Fauser 2001: 19); vgl. http://www.blk-bonn.de/papers/heft96.pdf (eingesehen am 16.04.2017).

46 Dafür mag es mancherorts nötig sein, geräuschvoll aus einer zugewiesenen Nische herauszutreten.

Eine so verstandene, mancherorts und teilweise bereits real gewordene künstlerisch-pädagogische Praxis ist der Testfall für das demokratische Leben in einer Institution.

10 Spielregeln für eine demokratisch verstandene Theaterpädagogik

1. Demokratie nicht als Perspektive für ein Erwachsenenleben denken, sondern im Hier und Jetzt praktizieren.

2. Perspektiven und Herangehensweisen von Kindern und Jugendlichen als Herausforderungen für erwachsene Gewissheiten denken.

3. Amateure, insbesondere auch Kinder, in ihren intellektuellen und gestalterischen Fähigkeiten anerkennen und herausfordern.

4. Wissen, dass die eigene künstlerisch-pädagogische Arbeit in einen Diskurs über Bildung und Erziehung eingebunden ist, und aus der Praxis heraus Einschreibungen in diesen Diskurs vornehmen.

5. Pädagogische Positionen, auch die eigenen, als verhandelbar verstehen.

6. Die Lust an der Arbeit in der Auseinandersetzung mit unbekannten Positionen, Haltungen und Erfahrungen suchen.

7. Außenseiterpositionen in die Mitte holen und hierfür Ausdrucksformen finden.

8. Amateure auch an strittige oder radikale Kunstpositionen heranführen.

9. Arbeiten mit Amateuren als Ko-Produktionen verstehen.

10. Arbeitsformen finden und durchsetzen, die neue Impulse in die Routinen von Institutionen bringen können.

4. Handeln im Kunstbezug performativer Praxis

Vom Künstlerischen als zentralem Bestandteil auch pädagogischer Praxis auszugehen, zieht sich als roter Faden durch alle Kapitel des vorliegenden Buches. Dieser Faden läuft auf zwei Aspekte zu, die ich im Folgenden fokussieren möchte. Zum einen werde ich die besondere Relevanz von pädagogischen Prozessen in den Performativen Künsten noch einmal explizit herausstellen, von Prozessen, die keinen unmittelbaren Gewinn abwerfen, deren Nutzen manchem als fragwürdig erscheint, die bisweilen umwegig und zeitaufwendig sind und aus all diesen Gründen gegenüber den sogenannten *harten* Fächern an den Schulen immer mehr ins Hintertreffen geraten. Zum anderen geht es um die Frage, auf welche Weise Theaterlehrer sich den besonderen Herausforderungen der künstlerisch-pädagogischen Praxis stellen können. Damit bereite ich das abschließende Kapitel vor, das noch einmal explizit die pädagogischen Akteure im Feld des Künstlerischen ins Zentrum rückt.

Wege, Umwege, neue Wege als Bestandteile des Künstlerischen

In einer viel beachteten Radiosendung des Deutschlandfunks mit dem Titel ›Wie kommt das Neue in die Welt?‹[47] wurde problematisiert, dass Lösungen auch für schwerwiegende gesellschaftliche Krisen immer wieder im Alten und Bekannten gesucht werden, anstatt auf neue Denk- und Handlungsmodelle zuzugreifen. Als Beispiel diente die Finanzkrise, in der nicht neue Handlungswege beschritten, sondern die alten Rezepte ausprobiert wurden, so dass sich heute bereits wieder ähnliche Problemlagen abzeichnen. In der Sendung wurde dies als »Verfolgung eines neurotischen Prinzips« gekennzeichnet, das immer wieder »mehr desgleichen« auf die Tagesordnung setzt[48] (vgl. Reitz 2015). Anders, so die Annahme,

47 So übertitelte der Tänzer und Choreograf Martin Nachbar sein Labor, das er während einer Tagung an der *Bundesakademie für kulturelle Bildung Wolfenbüttel* angeboten hat, in Anlehnung an diese Radiosendung mit *Wie kommt das Neue in die Welt?*; vgl. Hilliger 2016: 20 ff. und vgl. http://www.bundesakademie.de/pdf/tagungsbericht_anstecken.pdf (eingesehen am 16. 04. 2017).

48 Vgl. http://www.deutschlandfunk.de/wie-kommt-das-neue-in-die-welt-1-2-gewoehnung-und.1184.de.html?dram:article_id=317148 (eingesehen am 16. 04. 2017).

agieren die Künste und die Künstler, die offenbar über Methoden zur Generierung neuer Formen wie Inhalte verfügen.

Die in der Radiosendung aufgeworfene Frage nach dem Neuen findet am Ende des Beitrags eine erste Antwort: »unter anderem durch die (...) Freiheit der Methodenwahl, die Ablehnung jeder Art von Denkverbot und das Vertrauen in die Zielgenauigkeit von Blindflügen« (ebd.). Künstlerische Suchprozesse in einem kollektiven Erarbeitungsprozess erfordern gedankliche wie methodische Offenheit, wenn sie ihre Form und ihre Bedeutung erst im Tun gewinnen sollen. Sie sind damit Blindflügen durchaus vergleichbar. Doch woher kommt die Zielgenauigkeit?

Recherchierende, Experimentierende, Improvisierende, Forschende, wie man sie auf Proben, in künstlerischen Laboren oder Werkstätten findet, haben implizites Wissen, zumindest Alltagstheorien sowie soziale Erfahrungen im Gepäck und Einschreibungen im Körper.[49] Keiner kommt voraussetzungslos. Eine Suche unter künstlerischen Vorzeichen setzt das Mitgebrachte nicht auf Null, stellt aber Verfahren und Methoden bereit, um es fremd zu machen, neu zu betrachten, aus dem Bekannten herauszufiltern und in eine andere Erfahrung, eine noch unbekannte Ordnung zu überführen. Es werden Blicke auf fremdes Gepäck möglich, von dem manches aus- und anprobiert werden kann, vielleicht sogar mitgenommen. Das sind ebenso körperliche wie intellektuelle Vorgänge.

Künstlerische Verfahren haben das Potenzial, verschiedene Austauschbewegungen in Gang zu setzen, die für die Beteiligten Relevanz gewinnen können. Die Musikpädagogin Ursula Brandstätter schreibt: »Künste agieren im Spannungsfeld zwischen Wirklichkeitsnähe und Wirklichkeitsdistanz, zwischen Konkretion und Abstraktion, zwischen Räumlichkeit und Zeitlichkeit, zwischen Darstellung und Ausdruck, zwischen Körpernähe und Körperferne, zwischen Emotionalität und Kognitivität.« (Brandstätter 2014: 244). Für die Performativen Künste ist zu ergänzen: zwischen vergangenen und gegenwärtigen Erfahrungen, zwischen verschiedenen Wissensformen und Erfahrungsdimensionen der Performer wie künstlerisch-pädagogischen Akteure, zwischen Impulsen von außen und ihrer Umsetzung oder Aneignung. Diese vielfältigen Austauschprozesse sind an der Entstehung von Neuem wesentlich beteiligt.

Neues entsteht, indem eine Tür geöffnet wird, um mit Bekanntem, Vorgefundenem und Erworbenem anders umgehen zu können. Eine krampfhafte Suche

49 Einschreibung lehnt sich an das Habituskonzept an, meint in der Sozialisation erworbene, aber auch situationsbedingte Verhaltensmuster; vgl. hierzu auch Kapitel III.2, *Performative Praxis als eine Praxis der Freiheit?*.

nach dem noch nie Dagewesenen tangiert höchstens die Oberfläche, denn es baut nicht auf dem auf, was in einer Gruppe an (körperlichem) Wissen und an Erfahrungen vorhanden ist. Um zu einer Gestaltung zu kommen, gilt es, im Experimentieren Linien und Gesetzmäßigkeiten aufzuspüren. Der Prozess ist herausfordernd, erkenntnisreich, kann beglückend sein, bisweilen aber auch verwirrend. Neuen Spuren zu folgen, neue Wege zu finden, verlangt, ungewohnte Sichtweisen auszuhalten, Brüche zu vollziehen, Unterbrechungen zu suchen, kurzum, sich in der Vermeidung von Automatismen und in der Entfernung vom Bekannten und Gewohnten so lange zu bewegen, bis in dieser Bewegung eine veränderte Bedeutung aufscheint und sich das Neue im Blindflug quasi von alleine ergibt.

Wieso das Neue gerade in künstlerischen Verfahren zu finden ist, soll im Folgenden reflektiert werden.

Irren ist künstlerisch

Sich zu *irren* ist landläufig negativ konnotiert. Man wurde getäuscht, hat einen Fehler gemacht oder ist zumindest einer falschen Deutung aufgesessen. Die Synonyme umherstreifen, umherwandern oder -schweifen, herumziehen oder -strolchen stellen sich heute kaum noch als Assoziationen zu diesem Verb ein. Die Ziellosigkeit im Gehen vermag aber der offenen Bewegung künstlerischer Suchprozesse nahezukommen.

Zu *irren* kann dann bedeuten, sich einer Nützlichkeitsmaxime, einer Zweckorientierung zu verweigern, einem vorgezeichneten Pfad, einer bereitliegenden, schon erprobten Handlungsoption bewusst nicht zu folgen, sondern sich in der Bewegung neue Wege zu erschließen. Der Philosoph Stefan Winter versteht in Bezug auf die Künste die Bewegung des *Irrens* »nicht im Sinne des Verfehlens einer Wahrheit, sondern als das Spuren einer Spur in den offenen Raum hinein« (Winter 2013: 92). Dieser offene Raum steht nicht abseits von Zielen und Zwecken, Gegenständen und Handlungen des Alltags. Die künstlerische Sprache, die hier entwickelt wird, vermag aber Vorhandenes neu zu deuten, Bekanntes anders zu strukturieren und Werteverschiebungen vorzunehmen.

In der schon erwähnten Sendung des Deutschlandfunks wird der Philosoph Martin Seel mit einem Aphorismus zitiert, der in diesem Sinn gelesen werden kann: »An manchen Abenden im Jahr quillt selbst aus den solidesten Quartieren der Stadt allerlei Gerümpel heraus – Lumpen, Alteisen, ramponierte Matratzen,

Badewannen, Reifen, Bildschirme, Klaviere. Schon sind die Jäger und Sammler unterwegs, Rentner auf dem Moped, Kinder per Fahrrad, Stadtnomaden, die sich mit Entsorgtem versorgen. Bis in die Morgenstunden rumort es in den Straßen, als wäre die öffentliche Ordnung in Gefahr. Ich verlasse mein Gebäude und schaue mich unter dem Sperrmüll um, auf der Suche nach Stücken, die zu keiner Einrichtung passen.« (Seel 2009: 6).

Neben der eigenwilligen Perspektive auf den Wohlstandsmüll zeigt sich die Subjektivität der Blickrichtung. Die Unordnung des Sperrmülls verführt Jäger und Sammler zu einem Verhalten, das gängige Ordnungsmuster infrage stellt. Nach dem Unnützen, nach Abseitigem, nach Gegenständen, die sich nicht zuordnen lassen, zu suchen, fällt aus den üblichen Verabredungen und Verhaltensnormen heraus. Stücke, die zu keiner Einrichtung passen, haben das Potenzial, zum Ausgangspunkt neuer Einrichtungen zu werden. Sie können nach noch unbekannten Gesichtspunkten geordnet werden oder sich als Fragmente jeder Einrichtung verweigern. Immer laden sie zum Neuanfang und zum Experiment ein. Wie es sich gestaltet, hängt vom Finder ab.

Auch die künstlerische Suchbewegung setzt an der subjektiven Perspektive auf Lebenswelt, auf ihre Ordnungen, ihre Muster und ihr Chaos an. Von hier aus werden Leerstellen gesucht, Abseitiges, Untergegangenes, Vergessenes, Ausgeschlossenes, scheinbar Nebensächliches thematisiert, in eine veränderte Ordnung überführt und somit möglicherweise neu gewertet.[50]

Dabei geht es nicht um die eine *richtige* Erkenntnis, um die eine *Wahrheit*, sondern darum zu zeigen, dass neben dem schon Bekannten auch noch anderes möglich ist, im Verborgenen oder in noch nicht weiter entwickelten Ansätzen bereits existiert.

Angesichts des multiplen Charakters heutiger Gesellschaften ließe sich mit den Philosophen und Psychoanalytikern Gilles Deleuze und Félix Guattari ausrufen: »Hoch lebe das Viele (multiple)!« (Deleuze/Guatarri 1977: 10). Dieser Ausruf verweist nicht nur darauf, dass in einer pluralen Gesellschaft die Existenz verschiedener parallel existierender und interagierender Handlungsformen, Sichtweisen, *Wahrheiten* anerkannt werden muss, sondern auch darauf, dass im einzelnen Subjekt verschiedene Wahrheiten aufleuchten können, dass das Hybride, das moderne Gesellschaften wie Subjekte kennzeichnet, hier erfahrbar wird. Das

50 Dass die Beachtung von scheinbar Nebensächlichem auch in den Naturwissenschaften zu bahnbrechenden Erkenntnissen führen kann, zeigt die zufällige Entdeckung des Wirkstoffes Penizillin anhand einer verunreinigten Bakterienkultur.

Wissen um dieses Wechselspiel lässt sich insbesondere im künstlerischen *Umherirren* auffinden.

Die in einem Projekt der Performativen Künste versammelten Forscher, die unter der Versuchsanleitung eines Experten agieren, tun dies auf subjektiver Ebene. Als Subjekte aber tragen sie die Schnittstelle zu anderen sozialen Feldern in sich. Der Soziologe Andreas Reckwitz spricht von »feldtranszendierenden Subjekten« (Reckwitz 2012: 63) und stellt fest: »Die Kultur des Subjekts hält sich (...) nicht an die Logik rationaler Grenzziehungen, sondern produziert systematisch Grenzüberschreitungen.« (ebd.: 17). Es sind diese Grenzüberschreitungen, die Bewegung auslösen. Reckwitz arbeitet die subjekttransformierende Kraft von Kunst heraus und macht dies an einer Reihe von historischen Beispielen deutlich.

Für die pädagogische Praxis der Performativen Künste geht es nicht so sehr um die großen historischen Linien, sondern darum, Wahrnehmungs-, Denk-, Erkenntnis- und Erfahrungsräume immer wieder neu zu öffnen. Deleuze/Guattari selbst legen den zitierten Ausruf so aus: »Das Viele (multiple) muß man machen: nicht dadurch, daß man fortwährend übergeordnete Dimensionen hinzufügt, sondern im Gegenteil ganz schlicht und einfach in allen Dimensionen, über die man verfügt.« (Deleuze/Guattari 1977: 11).

Das Viele machen oder: Was sucht die Kunst in der Bildung?

Kunst hat wesentlichen Anteil an der Bedeutungssuche und an ihrer Thematisierung, sie führt sie als ein individuell wie gesellschaftlich relevantes Thema beständig vor Augen. Im Hinblick auf die Generierung von Neuem, neuen Sichtweisen, Wertungen oder Praxisformen erscheint mir wesentlich, dass hier mit großer Hartnäckigkeit auf die Pluralität jedweder Wahrheit verwiesen wird. Routinen, altbekannte Denk- und Handlungsmuster werden dadurch infrage gestellt, dass abweichende (subjektive) Perspektiven zeigen, dass auch anders gedacht, gehandelt, geordnet werden kann.

Das *Umherwandern* in den Künsten ereignet sich unter dem Gesichtspunkt des *Unnützen*. Die fehlende Zweckorientierung öffnet den Raum auch für sinnliche Wahrnehmung und ein Denken in Ähnlichkeitsbeziehungen, das das Eigene in ein Verhältnis zum Fremden setzt (vgl. Brandstätter 2008: bes. 9–38). Es ist vor allem dieses *Irren*, die Suche selbst, die den eigentlichen Wert der Kunst für die Bildung ausmacht. Obgleich künstlerische Verfahren immer auch Prozesse der Subjektentwicklung tangieren (vgl. Reckwitz 2012: 89–96 und Mouffe 2014: 134–140) bleibt hier offen, ob und wie in einem Projekt der persönliche Inhalt des *Rucksacks* neu gepackt wird.

Der nicht unmittelbare Nutzen von Gestaltungsprozessen in den Künsten ist für die Bildung zentral, wenn *Vielheit* erfahrbar werden soll. Kunst stellt auf unterschiedlichen Ebenen immer wieder Fragen an die Gesellschaft, macht Kontingenz sichtbar und verweist darauf, dass es für komplexe Fragen die eine richtige Antwort nicht geben kann. Das Beharren auf offenen, nicht zweckorientierten Lernfeldern, wie die Künste sie implizieren, erscheint angesichts der immer dichter werdenden Abfolge von Lerntests in Schulen und der damit einhergehenden Konzentration auf abrufbares Wissen anachronistisch. Im Hinblick auf ein Wissen um Alternativen ist es allerdings besonders aktuell.[51]

Sichtbar wird dies anhand einer Entwicklung, die unter dem nicht sehr treffenden Begriff der DIGITALEN BILDUNGSREVOLUTION gefasst wird: Algorithmen errechnen den Leistungsstand der Schüler, sie erlauben es, genau dort anzuknüpfen, wo die Lernenden stehen, und geben entsprechende weiterführende Aufgaben vor. »Am Ende der Stunde prüft der Rechner, wie gut sie den Stoff verstanden haben – und erstellt über Nacht die passenden Aufgaben für den nächsten Tag.«[52] (Preuß/Osel 2015: 2) Hier wird individuelle Förderung garantiert, die Lernerfolge verspricht. Diese Art der *individuellen Förderung* verpflichtet aber alle Lernenden auf die gleichen, vorab festgelegten, gut verwertbaren Ziele. »Wer den Dreisatz noch nicht verstanden hat, der bekommt gezielt zusätzliche Übungen dazu präsentiert, welche, die bei anderen schon funktioniert haben.« (ebd.). Von Revolution im Hinblick auf das altbekannte Ziel der Lernmaximierung zu sprechen, scheint doch zumindest ungenau (vgl. Gruschka 2014: 7–19).

Ich möchte nicht die Brauchbarkeit digitaler Methoden für bestimmte Lernziele infrage stellen. Angesichts der Zielrichtung schulischer Reformen seit PISA besteht jedoch die nicht zu übersehende Gefahr, dass schulisches Lernen sich mehr und mehr im Nachvollzug fremd gesetzter Ziele erschöpft. Für die Zukunft

51 Hier wird einmal mehr deutlich, welcher Stellenwert der Kunst in einer demokratischen Gesellschaft zukommt und welchen Verlust es bedeutet, wenn künstlerisch orientierte Lern- und Bildungsprozesse mit Blick auf schnelle Verwertbarkeit von Wissen unmöglich gemacht werden; vgl. hierzu auch Kapitel IV.3, *Handeln im Demokratiebezug Performativer Künste*.

52 Die Autoren verweisen darauf, dass die Software zu diesen Programmen von Privatfirmen erstellt wird. Es ist zu fragen, wie sehr sie einer demokratisch legitimierten Kontrolle unterworfen werden.

kann es aber nicht nur um noch mehr vom Bekannten, jetzt noch besser Berechenbaren gehen.

An dieser Stelle möchte ich ein letztes Mal auf die Radiosendung ›Wie kommt das Neue in die Welt?‹ verweisen. Es wird von einem Forschungsergebnis des Evolutionsbiologen Jared Diamond berichtet, der nachweisen konnte, dass die Wikingerkultur in Grönland zusammenbrach, weil dort nur auf die aus Dänemark bekannte und dort erfolgreiche Viehzucht gesetzt wurde, die das ökologische Gefüge in Grönland komplett zerstörte. Und das, obgleich Fische buchstäblich vor der *Haustür* herumschwammen. Die mögliche Rettung konnte nicht sichtbar werden, weil an überholten Verhaltensstrukturen festgehalten wurde.[53]

Bildung in den Künsten ist selbstverständlich kein Rettungsanker in umfassenden Krisen. Aber sie kann unter Umständen dazu befähigen, nicht immer wieder im Gleichen und Bekannten nach Lösungen zu suchen. Denn »wenn die Entwicklung des kulturellen Modells der Industriegesellschaften in den nächsten zwei Dekaden keinen grundlegenden Wandel erlebt, ist einiges zu befürchten. Zum Beispiel, dass sich in 600 Jahren Anthropologen darüber Gedanken machen, wie ausgerechnet eine Kulturformation, die sich wie keine andere über ihren innovativen Aktionismus definierte, so scheitern konnte.«[54] Damit ein solches Szenario nicht Wirklichkeit wird, müssen in einer Vielzahl von gesellschaftlichen Bereichen neue Perspektiven gewonnen werden. Die Bildung – und hiervon wiederum die in den Performativen Künsten – ist dabei nur ein kleiner, aber doch sehr wesentlicher Teil.

Experimentelle Praxis auf der Probe

Die Relevanz der Probe zur Generierung von neuen Sichtweisen und neuem Wissen ist in jüngster Zeit verstärkt in den Fokus der Theaterwissenschaft wie auch der Theaterpädagogik gerückt.[55] Die Theaterwissenschaftlerin und Performerin Annemarie Matzke verweist auf die etymologische Nähe des Begriffs der Probe zu dem des Versuchs oder Experiments: »In beiden Fällen bewegt sich der Versuch

53 Vgl. http://www.deutschlandfunk.de/wie-kommt-das-neue-in-die-welt-1-2-gewoehnung-und.1184.de.html?dram:article_id=317148 (eingesehen am 16.04.2017).

54 Vgl. http://www.deutschlandfunk.de/wie-kommt-das-neue-in-die-welt-1-2-gewoehnung-und.1184.de.html?dram:article_id=317148 (eingesehen am 16.04.2017).

55 Für die Theaterwissenschaft sei beispielhaft verwiesen auf Matzke 2012, für die Theaterpädagogik auf Sack 2011.

an der Grenze von Wissen und Nicht-Wissen. Die Suche im Unbekannten gehört zum wissenschaftlichen Experiment wie zur theatralen Praxis. Beide Begriffsfelder bezeichnen einen Prozess des Suchens, der noch nicht abgeschlossen ist.« (Matzke 2012: 20). Der Begriff des Labors wird denn auch von Theaterleuten selbst immer wieder für die Entwicklung ihrer künstlerischen Erforschungen und Erarbeitungen gewählt.[56]

Für die Wissensgenerierung auf der Probe sind zwei Arbeitsformen zentral: die Recherche und die Improvisation. Dabei ist es unwesentlich, ob es sich um die forschende Aneignung eines dramatischen Textes oder um die Entwicklung einer Präsentation auf Basis anderen Materials handelt.

Verfahrensbasis für die Pädagogik sind das regelgeleitete Suchen in einer vorgeschlagenen Versuchsanordnung und der Einbezug aller in die Suchbewegung. Die Suche richtet sich auf die Bedeutungs- und Ausdrucksfindung in einem durch den STARTING POINT[57] umrissenen Erfahrungs- oder Themenfeld. Immer ist der Probenprozess ein auch den künstlerisch-pädagogischen Akteuren in wesentlichen Teilen noch unbekannter Prozess. Sie stehen damit vor einer besonderen Herausforderung. Sie strukturieren den Probenprozess, in dessen Rahmen sie mit Recherche- oder Improvisationsaufgaben eine Suche anstoßen, von deren Ergebnis sie sich aber selbst überraschen lassen müssen. Zwar haben sie eine Kontur vor Augen, sonst könnten sie keine Forschungsaufgaben stellen, doch erst die Gruppenmitglieder füllen diese Kontur ebenso konkret wie vielfältig aus. Das Gefundene, den künstlerisch-pädagogischen Akteuren selbst oftmals Fremde, ist dann sogleich in die Probenpraxis zu integrieren.

Wie können sie es schaffen, ihr Theater- und sonstiges Wissen produktiv einzubringen und sich gleichzeitig offen zu halten für die Impulse, die ihnen entgegengebracht werden? Die Erziehungswissenschaftlerin und Theaterpädagogin Mira Sack spricht davon, dass zur Generierung von Neuem auf der Probe diese selbst improvisiert werden müsse (Sack 2011: 97), und Annemarie Matzke betont die Suche nach dem unverbrauchten Blick (Matzke 2012: 233 f.). Das hierfür notwendige Selbstverständnis können künstlerisch-pädagogische Akteure entwickeln, so meine These, wenn sie sich auf der Probe als *Bastler* in einem Raum des WILDEN

56 Prominentes Beispiel ist Jerzy Grotowski (vgl. Grotowski 1968).

57 Vgl. Kapitel II., *Starting Points für eine Didaktik der Performativen Künste*, zu Begriff und Bedeutung des *Starting Points*.

Denkens begreifen. Dieser Ansatz wird in Anlehnung an die entsprechenden Begrifflichkeiten des Ethnologen Claude Lévi-Strauss abschließend entwickelt.

Künstlerisch-pädagogische Akteure als Bastler in einem Raum Wilden Denkens

Claude Lévi-Strauss hat im Rahmen seiner ethnologischen Forschungen zu rituellen Praktiken den Begriff des Wilden Denkens (Lévi-Strauss 1968: bes. 22f.) geprägt. Das Wilde Denken steht für einen Reichtum, für ein »Wuchern der Begriffe« (ebd.: 13), das dem Bedürfnis geschuldet ist, die Phänomene der unmittelbaren Umwelt möglichst weitgehend zu erfassen. Die rituellen Praktiken selbst jedoch basieren auf einer Systematisierung der erfassten Phänomene, die von großer Strenge und Präzision im Denken gekennzeichnet ist. Die Systematisierung bewegt sich auf der Ebene der sinnlichen Anschauung. Lévi-Strauss selbst spricht von der Nähe zur Kunst und von der »Herstellung einer Ordnung von ästhetischem Wert« (ebd.: 24f.). Hier tut sich eine Analogie zu Probenprozessen auf.

In der Anfangsphase wuchern Bilder, Ideen, Bewegungsformen, Lesarten, gefundenes Material häuft sich auf. Die Formfindung verlangt dann Strukturierung und Systematisierung des Gefundenen, verlangt Präzision, vielleicht sogar Strenge im Denken wie auch in der Gestaltung.[58] Für den Prozess der Erarbeitung lässt sich gewinnbringend auf den Vorgang des Wilderns verweisen. *Wildern* bezeichnet eine noch nicht zielgerichtete Aktivität, eher eine Bewegung, die es einer Gruppe und ihren einzelnen Mitgliedern erlaubt, sich in der Recherche für ein Theaterereignis das herauszusuchen, was für sie in diesem Moment Relevanz besitzt und mit dem zukünftig in vielfältiger Weise umgegangen werden soll. Diese Auswahl bildet fortan den *Fundus* der Gruppe für eine spezielle künstlerische Arbeit.

Material für die Recherche kann alles sein: Gegenstände der Lebenswelt, Ereignisse der Geschichte oder Vorfälle der Gegenwart, Erzählungen der Literatur, Lebensgeschichten und -situationen, Künstlerpositionen, Traditionen oder Moden, Singuläres, Abwegiges, Abseitiges.

Als *wild* lässt sich das Begreifen und Ergreifen des Vorgefundenen bezeichnen, insofern es zunächst ein *Wuchern* der Perspektiven auf das ausgewählte Material zum Ziel hat, in denen das Begreifen, die Sinnfindung und künstlerisches

58 Auch das *Theater des Unperfekten* kommt ohne Genauigkeit nicht aus.

Neugestalten noch erprobt werden. Dafür wird das recherchierte Material untersucht, in seine Bestandteile zerlegt, in näher oder weiter entfernt liegenden Funktionen erprobt, in fremde Kontexte gestellt oder für Neubauten verwendet.

Dieser Vorgang ist nicht unabhängig von den künstlerisch-pädagogischen Akteuren zu denken, insofern sie mit ihren Recherche- und Improvisationsaufgaben Perspektivierungen ermöglichen, eine Breite und Diversität des Materials sichern, dafür sorgen, dass die verschiedenen in einer Gruppe vorhandenen Interessen, Perspektiven, Haltungen und Denkansätze einen Raum bekommen. In der Phase der Zusammenführung des Materials, die die Dramaturgie eines Ereignisses bestimmt, sind sie als *Bastler* gefragt.[59]

Basteln wird von Lévi-Strauss in einen engen Bezug zum Wilden Denken gesetzt. Besondere Kennzeichen sind die Eingeschränktheit und Zufälligkeit der zur Verfügung stehenden Mittel, im Probenprozess der *Fundus* einer Gruppe, der, noch immer begrenzt, sich dennoch nach und nach mit Bedeutung angereichert hat, in den Improvisationen und den aus ihnen entwickelten ersten Strukturierungen. Das ist das Material, das bis zur Kommunikation mit einem Publikum weiterentwickelt werden muss.

Dass das Basteln trotz der Beschränktheit der Mittel »glänzende und unvorhergesehene Ergebnisse zeitigen« kann, ergibt sich daraus, dass der Bastler mit der Gesamtheit der vorhandenen Gegenstände in einen Dialog treten muss, um eine Lösung zu finden (Lévi-Strauss 1968: 30 f.).

In der von mir vorgestellten Analogie ist der Theaterlehrende der künstlerisch inspirierte *Bastler*, der im Dialog mit dem *Fundus* sowie den Mitgliedern einer Gruppe gleichzeitig die Besonderheit dieses speziellen *gewilderten* Materials erhält und es lesbar werden lässt – auch über diese spezielle Gruppe hinaus. Das ist möglich, weil das recherchierte Material auch außerhalb der Gruppe vorhanden war und ist, es also grundsätzlich wiedererkennbar ist, auch wenn es nach der Bearbeitung in veränderter Gestalt auftritt. Diese neue Gestalt wiederum steht in einem (ganz spezifischen) Verhältnis zum Ausdruckswillen einer Gruppe und zum Formen-, Format- und Zeichenrepertoire der Performativen Künste. In diesem von den künstlerisch-pädagogischen Akteuren verantworteten Prozess entsteht der jeweils spezifische *Eigen-Sinn* einer Aufführung.

Die Präsentation einer performativen Arbeit wird vollständig von der Gruppe getragen. Je fortgeschrittener eine Gruppe ist, umso komplexer werden die

59 Tatsächlich läuft der skizzierte Prozess nicht schematisch ab, sondern die verschiedenen Phasen überlappen sich.

Entwicklungsprozesse, aber umso variabler lässt sich auch die Aufgabenverteilung gestalten. Amateure entwickeln sich hier über mehrere Arbeiten hinweg nicht selten zu Experten. Dennoch bleiben die künstlerisch-pädagogischen Akteure als AUGE VON AUSSEN, Impulsgeber, Jongleure und Bastler in diesen komplexen Prozessen die *Schatzmeister* des Fundus. Als solche befragen sie die heterogenen Gegenstände ihres Schatzes in der Kommunikation mit der Gruppe beständig dahingehend, was sie für das Gelingen einer theatralen Kommunikation bedeuten könnten.

Das Poetische dieser Bastelei entsteht dadurch, dass sie nicht nur mit den Dingen spricht, »sondern auch mittels der Dinge: indem sie durch die Auswahl, die sie zwischen begrenzten Möglichkeiten trifft, über den Charakter und das Leben ihres Urhebers Aussagen macht. Der Bastler legt, ohne sein Projekt jemals auszufüllen, immer etwas von sich hinein.« (ebd.: 34f.). In diesem Sinne sind die Gruppe wie auch die künstlerisch-pädagogischen Akteure immer ganz zentral am künstlerischen Ergebnis beteiligt.

10 Spielregeln für eine pädagogische Praxis der Performativen Künste

1. Probenräume als Forschungsräume, als Labore und Werkstätten begreifen.

2. Methodenvielfalt als Wegbereiter ansehen.

3. Im Changieren zwischen verschiedenen Wissensformen und Erfahrungsebenen Probenwege (er-)finden.

4. *Irren* positiv besetzen und Regeln zum Umherwandern, zur systematischen Entfernung von Bekanntem und Gewohntem entwickeln.

5. Wilde und strukturierte Teile als gleichermaßen zur Probe gehörend einplanen.

6. Recherche und Improvisation, Wildern und Basteln zum integralen Bestandteil jedweder künstlerischen Arbeit mit einer Gruppe machen.

7. Für das Soziale wie das Subjektive künstlerische Bezüge finden.

8. In intensiven und beständigen Dialog mit der Gruppe und dem Gestaltungsmaterial treten.

9. Performern die eigenständige Erprobung künstlerischer Perspektiven in der Erfahrung und Gestaltung von *Welt* ermöglichen.

10. Den Bezug zu Ausdrucksformen und -formaten der Kunstform experimentell herstellen.

V. Anstelle eines Fazits: Künstlerisch-pädagogische Akteure in der Handlungsfigur des RHYTHM

Künstlerisch-pädagogische Akteure sind für diese Publikation zentral, für sie ist sie primär geschrieben worden. Dies geschah in Anerkennung der Arbeit, die landauf landab in der forschenden Entwicklung von künstlerischen Ereignissen und Präsentationen mit einer Gruppe von Amateuren von ihnen geleistet wird, unter teilweise äußerst schwierigen Rahmenbedingungen, was Finanzierung, räumliche Situation, Anerkennung der Arbeit u. a. m. angeht. Verbunden ist diese Anerkennung mit einer Einladung, den Raum und Rahmen, den die Performativen Künste in der Bildung einnehmen können, mutig, fantasievoll und kenntnisreich auszuschreiten. Hierfür bietet das Buch eine Vielzahl von Denkansätzen, theoretischen Bezügen, Praxisbeispielen und Handlungsvorschlägen.

In Würdigung der künstlerisch-pädagogischen Akteure soll ihnen im Rahmen der 4 R's von GOB SQUAD[1] RHYTHM als Handlungsfigur zugeschrieben werden

RHYTHM ist in diesem Konzept die Denkfigur des Übergangs. Im Begriff des Rhythmus schließt sich der Kreis zum Kunstbezug, insofern Rhythmus für Musik, Theater, Performance, Film und Bildende Kunst gleichermaßen Relevanz besitzt. Rhythmus kann als eine Übergangsfigur in den Künsten bezeichnet werden, hat aber auch eine soziale, räumliche oder historische Konnotation, die in den vorangegangenen Kapiteln als Bezüge für künstlerisch-pädagogisches Handeln in verschiedenster Weise aufgerufen wurden. RHYTHM ist in der theaterpädagogischen Modifikation aus meiner Sicht in seiner Fähigkeit des vielschichtigen Changierens RULES, REALITY und RISK übergeordnet.

Den künstlerisch-pädagogischen Akteuren wird RHYTHM zugeordnet, weil diese Übergangsfigur gleichzeitig und gleichwertig auf Kunst wie auf Pädagogik bezogen werden kann. In diesem strukturierenden Bezug können jeweils verschiedene Schwingungen oder Pointierungen vorkommen, in denen sich im Übergang

1 Vgl. hierzu insbesondere Kapitel II. 5, *Theaterpädagogisch handeln im Framing von Risk, Rules, Reality und Rhythm.*

zwischen Kunst und Pädagogik vielfältige künstlerische wie pädagogische Handlungsmöglichkeiten, Formen und Formate erschließen lassen. Für diese Prozesse, die im Dialog mit den Kenntnissen, Erfahrungen und Intelligenzen einer Gruppe entwickelt werden, tragen künstlerisch-pädagogische Akteure die Verantwortung und sind gefragt, immer wieder neue Formen des Übergangs zu (er-)finden. Es ist eine Herausforderung ebenso wie eine Entwicklungsperspektive, die eigene Arbeit immer wieder im Hinblick auf die Dimensionen Risk, Rules, Reality und Rhythm zu befragen und sich und der Gruppe auf Basis dieser Reflexion immer wieder neue Aufgaben zu stellen. So können besondere Momente entstehen, in denen das Zusammenspiel zwischen Kunst und Pädagogik in spezifischer Weise realisiert und für ein Publikum sichtbar werden kann.

In Bezug auf die zentralen Begriffe Risk, Rules, Reality und Rhythm, die als Leitfaden dieses Buches und als Orientierungsgrößen für die künstlerisch-pädagogische Arbeit gelten können, möchte ich ein Bild vorschlagen, das als Handlungsfigur gelesen werden kann.

Ich sehe künstlerisch-pädagogische Akteure als Rhythmiker und Jongleure in den Dimensionen von Risk, Rules und Reality an. Ihre Aufgabe ist es, alle *Bälle* in der Luft, sprich im Spiel zu halten. Es kann passieren, dass ein Ball auf dem Boden landet und es nicht gleich gelingt, ihn wieder aufzunehmen. Das erscheint nicht als Problem. Nur sollte er da nicht dauerhaft liegen bleiben.

Es geht um eine auch langfristige Balance zwischen Risk, Rules und Reality. Der Rhythmus muss im Austarieren immer mal wieder neu gefunden werden.

Anders als im Berufstheater stellt sich für künstlerisch-pädagogische Akteure, die mit Amateuren arbeiten, die Aufgabe, den Raum der Performativen Künste als einen Handlungsraum mit eigener Akzentuierung, Perspektivierung, eigenen Gesetzmäßigkeiten und Ausdrucksformen für die Beteiligten erst einmal zu eröffnen. Dirk Baecker spricht davon, dass das Theater in der Lage ist, sich in der Dramaturgie von Handlungsbögen, Sprache, Figur, Körpern, Stimmungen, Atmosphären »auf alle Elemente des Sozialen zu beziehen« (Baecker 2013: 18). Zu ergänzen sind beispielsweise Raum und Klang. Die theatrale Kommunikation, egal um welche Spielart der Performativen Künste es sich handelt, erfordert Formfindung in Bezug auf ein jeweils eigenes Ausdrucksspektrum. Der Grenzgang in künstlerisch-pädagogischen Projekten besteht darin, jungen Menschen zu diesem Spektrum, zu diesen Formen zu verhelfen, ohne ein festgelegtes Reglement vorzugeben. Nur wenn diese Balance gelingt, öffnet sich ein sozial-kultureller Gestaltungsraum auch für die junge Generation.

An der Suche nach Momenten und Formen des gelungenen Übergangs zwischen Kunst und Pädagogik arbeiten heute Akteure verschiedenster kultureller Felder. Manche Schulen, eine zunehmende Zahl von Performancegruppen und viele Stadt- und Staatstheater nutzen dabei auch die Chance einer öffentlichkeitswirksamen Konfrontation ihres Publikums mit den künstlerisch gestalteten Perspektiven junger Menschen auf soziale Wirklichkeit.

Es haben sich zahlreiche Schnittstellen zwischen dem Berufstheater und künstlerisch-pädagogischen Projekten ergeben, neue Arbeitsweisen sind hier wie dort erprobt worden. Beide Bereiche stehen durch Einzelakteure und institutionelle Zusammenarbeiten in vielfachen Verbindungen miteinander.

Mit dem vorliegenden Buch hoffe ich, weiterhin und Weiteren Mut zur Erforschung und zur Dynamisierung dieses bereichernden Feldes in den Handlungsfiguren von Risk, Rules, Reality und Rhythm zu machen!

VI. Spieleröffnung: Verortungen und Übergänge

Dieser letzte Teil des Buches enthält den Anfang einer Begriffssammlung, die nach und nach weiterentwickelt, vervollständigt, ergänzt wird. Es handelt sich um Begriffe, die relevant sind für die Performativen Künste und die in ihnen aufgehobene pädagogische Arbeit. Die Begriffssammlung wird mit Erscheinen des Buches im WWW [1] online gestellt, von einem Redaktionskollektiv am INSTITUT FÜR PERFORMATIVE KÜNSTE UND BILDUNG der HOCHSCHULE FÜR BILDENDE KÜNSTE BRAUNSCHWEIG betreut und in regelmäßigen Abständen erweitert. So soll den Veränderungen und Weiterentwicklungen der Performativen Künste Rechnung getragen werden.

An der Begriffssammlung schreiben verschiedene Autor*innen mit, die in ihren Texten ihre jeweilige Sicht auf die Performativen Künste und deren Pädagogik sichtbar machen. Indem alle Schreibenden in irgendeiner Weise dem INSTITUT FÜR PERFORMATIVE KÜNSTE UND BILDUNG verbunden sind, zeigt die Sammlung auch die Verortung des Instituts und der in ihm beheimateten Studiengänge. Verorten tun sich aber auch die Leser, indem sie die in den Texten enthaltenen Positionen, Anregungen und Vorschläge in ihrem jeweiligen künstlerisch-pädagogischen Sinn auf das eigene Nachdenken und die eigene Praxis beziehen.

Die Begriffssammlung, die hier begonnen wird, ist als ein Fundus für unterschiedliche künstlerisch-pädagogische Praxen gedacht, auf die die Begriffe sich beziehen lassen. So sollen sich wiederum Anregungen, Bereicherungen, Ergänzungen oder Einbettungen für die jeweils eigene Arbeit der Leser*innen ergeben. Ziel ist es, dass die Begriffssammlung Übergänge schafft zwischen Reflexion und Praxis, zwischen Schreibenden und Lesenden, zwischen jetzigen und zukünftigen Theaterformen. Auch in diesem Sinne ist sie eine Spieleröffnung.

Die Ausführungen zu den Begriffen folgen einem Regelsystem. Einem Zitat, das sich auf sehr offene Weise auf den Begriff beziehen kann, folgen Fragen an den Begriff, die den Blick und Denkhorizont der jeweiligen Autor*innen zeigen und neugierig machen sollen auf das, was folgt. Dies ist zunächst eine

1 Die Liste ist unter folgender Adresse verfügbar: www.dorotheahilliger.de/performative-kuenste_liste.html

Kontextualisierung, die zeigt, wohin der Begriff im Rahmen der Performativen Künste führen kann. Daran schließt sich eine kurze Begriffsgeschichte bzw. -einordnung an. Sodann legen die Autor*innen die Handlungsrelevanz offen, die dem Begriff in ihrem eigenen Arbeitsverständnis oder -zusammenhang zukommt. Die Verweise auf eine künstlerische Arbeit oder Position, in der der Begriff eine herausragende Rolle spielt, sind für Leser*innen gedacht, die weiterstöbern wollen. Eine Projektidee fordert zum Experiment heraus, ebenso wie die vorgestellte abschließende Übung, die sich direkt auf künstlerisch-pädagogische Praxis bezieht.

In dieser Systematik bewegen sich alle Autor*innen, doch füllen sie das Regelsystem jeweils unterschiedlich aus, mal eher systematisch, mal eher assoziativ, und eröffnen damit verschiedene Möglichkeiten der Aneignung.

1. Wahrheit und Lüge

»Die Lüge ist eine Kunst, deren Rettung den Künstlern (...) übertragen werden müsste.«
Jacques Derrida

Fragen an den Begriff

Lüge ich auf der Bühne oder sage ich die Wahrheit?

Ist es nicht auf jeden Fall eine Lüge, wenn *ich als Demetrius* Helena abweise mit den Worten: »Sag ich Euch nicht die Wahrheit rund heraus, dass ich Euch nimmer lieb und lieben kann?«[2]

Oder ist die Behauptung, auf der Bühne jemand anderes zu sein, auf keinen Fall als Lüge zu werten, weil sie Teil der Theaterverabredung ist?

Gilt dies auch, wenn ich in einer Aufführung des biografischen Theaters den Text eines anderen Performers spreche, der aus einem Interview stammt? Ist die Lüge dann nicht offensichtlich, weil ich die Erfahrungen, von denen ich vor Publikum erzähle, gar nicht gemacht haben kann? Oder gilt die Theaterverabredung auch, wenn es sich nicht um eine dramatische Figur handelt, die ich verkörpere?

Wird die Lüge also ganz einfach dadurch zur Wahrheit, dass ich sie im Rahmen eines performativen Ereignisses als Wahrheit behaupte?

Kann man also überhaupt lügen auf dem Theater?

2 William Shakespeare, *Ein Sommernachtstraum*, 2. Aufzug, 1. Szene.

Kontextualisierung

Die Begriffe Wahrheit und Lüge können in besonderer Weise deutlich machen, wie sehr die Vorstellung davon, was die Kunst, insbesondere die des Theaters, in einer Gesellschaft leisten kann und in welcher Form sie auftritt, an die jeweiligen historischen Zusammenhänge gebunden ist.

Ist in der Entstehungszeit des bürgerlichen Kunstverständnisses der Begriff der Wahrheit eng gekoppelt an den der Schönheit (Johann Wolfgang von Goethe mit Rückbezug auf Platon: das Wahre, Gute, Schöne), so sind damit in sich geschlossene Kunstwerke gemeint, die eine (zumeist utopische) Wahrheit behaupten. Das Zusammengehen von Wahrheit und Schönheit löst sich in der dramatischen Literatur bereits 1837/38 auf. Georg Büchners ›Woyzeck‹ bleibt Fragment, löst sich in der Form deutlich vom klassischen Drama ab und macht einen sozial Ausgestoßenen zum dramatischen Helden. Insbesondere auf den gegen Ende des 19. Jahrhunderts gegründeten VOLKSBÜHNEN wird dann die Wahrheit deutlich von der Schönheit geschieden – und die hier gezeigten Stücke immer wieder mit Zensur belegt. Dramatiker des Naturalismus wie Gerhart Hauptmann dokumentieren zum Zwecke der Aufklärung die hässliche Seite der kapitalistischen Gründerzeit. Die noch immer im Fokus stehende Suche nach Wahrheit auf der Bühne besteht jetzt darin, ungeschminkt zu zeigen, *wie es ist* (die Formel des Naturalismus: Kunst = Natur – X, Arno Holz). Die Trias des Wahren, Guten, Schönen in der Kunst wird mit der Kulturkrise der Jahrhundertwende, die als Sprachkrise vor allem auch eine Erkenntniskrise war (»Die Worte zerfielen mir im Munde wie modrige Pilze«, Hugo von Hofmannsthal, ›Brief des Lord Chandos‹) und mit der Entdeckung des Unbewussten als zentralem Handlungsmotiv (Sigmund Freud) endgültig infrage gestellt. Dies findet seinen theaterkünstlerischen Ausdruck beispielsweise in der Hinwendung zu abstrakten Bühnenräumen wie in der klassischen Moderne sowie im Verzicht auf kausallogische Handlungsverläufe wie im Dadaismus oder Expressionismus.

Somit ist das Schöne auf der Bühne, dessen Wahrheitsanspruch seit dem 18. Jahrhundert unlösbar mit der Autonomiebehauptung der Kunst verbunden ist, ganz offensichtlich nur noch für den Preis bzw. mit dem Ziel der Verdrängung einer unschönen Wirklichkeit zu haben, beispielhaft nachzuvollziehen im Aufschwung des klassischen Balletts nach 1945. Die das Hässliche betonende Hexendarstellung einer Mary Wigman oder Valeska Gerts Tanzstudien zum Tod sowie zu Figuren wie Kupplerin und Dirne aus der Zeit der Weimarer Republik passten nicht ins harmoniebedachte Nachkriegsdeutschland.

Basierend auf der aus den Sprachwissenschaften hervorgegangenen performativen Wende, nach der die Wahrheit keine absolute Größe darstellt, sondern in Sprachspielen (Ludwig Wittgenstein) immer wieder neu hervorgebracht wird, somit veränderlich ist, explodieren die Darstellungsformen auf der Bühne – und mit ihnen das immer neue Spiel um Wahrheit und Lüge auf dem Theater. Das hat viel zu tun mit der *postmodernen Wahrheit*, die da lautet, dass es *die eine Wahrheit* nicht geben kann. Die Anglistin Ruth Mayer schreibt: »Kunstprojekte seit den 1960er Jahren setzten immer wieder die Einsicht um, daß zentrale kunsttheoretische Konzepte (Schönheit, Wahrheit, Authentizität, Genialität usw.) keinerlei transhistorische Gültigkeit oder transkulturelle Verbindlichkeit haben, sondern durch soziale Institutionen (Schule, Akademie, Museum, Medien) geprägt und vermittelt werden. Ästhetische Urteile erweisen sich so nicht als interesselos, sondern als wesentlich durch Ideologien und soziokulturelle Rahmenbedingungen bestimmt.« (Mayer in Nünning 2005: 183f.).

Es sind vor allem die seit den 70er-Jahren im angelsächsischen und mitteleuropäischen Raum entstehenden Performancegruppen, die in der expliziten Thematisierung und in der spielerischen Auseinandersetzung mit eben diesen soziokulturellen Rahmenbedingungen ein ebenso bedeutungsgenerierendes wie lustvolles Spiel um und mit Wahrheit und Lüge beginnen. Die Lüge ist jetzt nicht Gegenspielerin, sondern wird zum Bestandteil einer (möglichen) Wahrheit. In ihrer 2017 zum Theatertreffen eingeladenen Arbeit ›Real Magic‹ treiben die Performer*innen von Forced Entertainment ihre Kunst der Lüge derart auf die Spitze, dass in der zum Thema gemachten Gameshow die eine richtige Antwort nicht zu finden ist, selbst wenn sie den Spieler*innen auf einem Pappschild unmittelbar vor Augen geführt wird. Ob hier im Loop Kulturkritik betrieben wird, die Lust an der Erschaffung von Situationskomik mit den einfachsten, virtuos eingesetzten theatralen Mitteln der Motor ist, entscheidet sich in der Art der Wahrnehmung, liegt also im Deutungsbereich des Zuschauers.

Wahrheit und Lüge behaupten nicht länger, ein Gegensatzpaar zu sein. Wahrheit wird im performativen Spiel situativ hergestellt oder assoziativ behauptet, um gleich wieder infrage gestellt zu werden. Grundlage dieses Spiels ist es, dass die Lüge keiner moralischen Wertung unterliegt, sondern als Entwurf und Möglichkeit auftritt. Das offensichtlich gemachte Spiel mit Wahrheit und Lüge entlarvt dabei nicht selten absurde Lebensrealitäten.

Kurze Begriffsgeschichte/-einordnung

Etymologisch hat der Begriff der Wahrheit (l. verus, ahd. war) mit Vertrauen, Treue und Zustimmung zu tun, aber auch mit *wahren* im Sinne von beachten und behüten, bewahren, was im Neuhochdeutschen auch im *gewahr* Werden und somit im Wahrnehmen aufgehoben ist. Hier zeigt sich bereits die Nähe zu einer erkenntnisstiftenden Vorstellung von Theater, nicht zuletzt vollzogen über den Vorgang der Wahrnehmung. Die Wahrheit herauszufinden, ist dann als eine Aktivität des Zuschauers definiert. Dieser Vorgang kann auch darin bestehen, eine (offensichtliche) Lüge auf dem Theater als solche zu entlarven – oder sie als Fiktion, als Entwurf von Wirklichkeit zu begreifen.

Der Begriff der Lüge ist etymologisch nicht so gewinnbringend zu betrachten, die Herkunft ist weitgehend ungeklärt. Das etymologische Wörterbuch (Kluge) hält es für möglich, dass das Ü nur in Abgrenzung zum IE in Liegen *erfunden* wurde. Schaut man sich aber das eng verwandte leugnen an (mhd. lougen), so ergibt sich eine begriffliche Nähe zum *Verbergen*, woran man dann assoziativ die

Ästhetik des Verschwindens (Paul Virilio) oder, theaternäher, die Ästhetik der Abwesenheit (Heiner Goebbels) anknüpfen kann.

Interessant ist die philosophische Reflexion in der antiken Ethik, die davon geprägt ist, dass es zunächst keinen eigenen Begriff für *Lüge* gab. Das Falsche und Irrtümliche fiel in eins mit dem Fiktionalen und damit dem Geschäft des Dichters (vgl. Dietsch 1998: 24f.).

Darauf weist auch der Philosoph Jacques Derrida hin, wenn er sagt: »Genauso wenig wie Mythos, Fabel oder Phantasma zweifellos keine Wahrheiten oder wahre Aussagen als solche sind. Es sind jedoch ebenso keine Irrtümer, Täuschungen, Falschaussagen oder Meineide.« (Derrida 2015: 11).

In der antiken Literatur ist insgesamt eine gewisse Toleranz gegenüber dem Lügner zu verzeichnen. Wenn Odysseus, der Listenreiche, auf den Plan tritt, dessen kriegerische Taktiken das vorsätzliche Lügen durchaus einschließen, so antwortet er bei Sophokles auf die Frage, ob er denn das Lügen nicht für hässlich halte: »Nicht in dem Fall, daß Lüge Rettung bringt.« (Sophokles zit. n. Dietzsch 1998: 27).

Anders als in der Antike, in der die Lüge zwar nicht als moralisch hochstehend behandelt, aber als durchaus notwendig erachtet wird, wird die Lüge im Christentum zur Sünde. Sie bringt im Menschen als Ebenbild Gottes die göttliche Ordnung ins Wanken und führt geradewegs ins Chaos und in die Hölle. Die von der Kirche als göttliche Wahrheit behauptete Ordnung der Welt bestätigt sich im

Glauben. Die Erkenntnis Galileo Galileis, dass die Erde sich nicht im Zentrum des Weltalls befinde, entlarvte diese scheinbar unumstößliche Wahrheit als ein Instrument von durchaus weltlicher Macht und Herrschaft.

Bleibt in der Aufklärung das Wahrheitsgebot als Erziehungsziel für den Einzelnen bestehen, so lockert sich mit der zunehmenden Erkenntnis, dass es *die Wahrheit* schlechterdings nicht gibt, doch die Akzeptanz gegenüber der Lüge und dem Lügner. Immanuel Kant verneint, dass es ein Recht auf Lüge gebe, doch, um die wirklichkeitskonstituierende Kraft jedweder Erkenntnis wissend, wird nicht jede Täuschung von ihm als Lüge klassifiziert.[3]

Diese Haltung setzt sich fort. Sie findet sich wieder in der zwar rechtlich verfolgten, aber auch bewunderten Figur des Hochstaplers. Als eine Figur des 20. Jahrhunderts macht sie zugespitzt deutlich, dass die Wahrheit des Subjekts nicht in einem authentischen Selbstausdruck zu suchen ist (vgl. Krajewski 2008).

Tankred Dorst gibt seiner Tübinger Poetik-Vorlesung im Frühjahr 1997 den Titel ›Alles ist wahr, auch die Lügen‹. Diese scheinbare Beliebigkeit weist auf den in jeder Lüge noch enthalten Wahrheitskern hin, ebenso wie auf das Flüchtige, Punktuelle, nicht letztinstanzlich Entscheidbare jedweden Wahrheitsanspruchs (nicht zu verwechseln mit dem Begriff der Überzeugung, der parteiisch ist und dem Ideologischen zuneigt).

Bezogen auf die Kunst ist der Wahrheitsanspruch sowieso eine fragwürdige Kategorie, denn die Funktion der Kunst ist es ja nicht, das Leben nachzuahmen, sondern es unter bestimmten Perspektiven (neu) zu erzählen, zu formen, zu gestalten, zu erfinden und in besonderen Aspekten erfahrbar zu machen. Dies gilt auch, wenn die Kunst sich wissenschaftlicher Verfahren bedient (Recherche, Experiment), denn sie tut dies auf ihre ganz spezifische Weise.

Handlungsrelevanz für die Performativen Künste

Das zeitgenössische Theater bringt im sichtbar gemachten Changieren zwischen Wahrheit und Lüge auf den (sich permanent verschiebenden Wahrnehmungs-) Punkt, dass die *eine* für alle gültige Wahrheit nur eine Behauptung ist. Es weist

3 »Im rechtlichen Sinne aber will nur diejenige Unwahrheit Lüge genannt werden, die einem anderen unmittelbar an seinem Rechte Abbruch tut.« (Kant zit. n. Dietzsch 1998: 61).

damit permanent darauf hin, dass die Wirklichkeit sich nicht in Kategorien von Wahrheit und Lüge, richtig oder falsch fassen lässt, sondern uns als Ergebnis historischer Prozesse und sozialer Verhältnisse entgegentritt, also eine gemachte ist, die grundsätzlich veränderbar bleibt.

Diese einzig gültige *Wahrheit* ist in den Performativen Künsten nicht so sehr in den Inhalten, sondern in der Form aufgehoben, indem Wirklichkeit in der Bewegung zwischen verschiedenen Wirklichkeitsebenen für alle sichtbar immer wieder erfunden, behauptet und dekonstruiert wird. Dabei sind gute Performances zumeist frei von vordergründigen moralischen Wertungen. Sie eröffnen vielmehr dem Publikum einen Wahrnehmungs- und Entscheidungsraum.

Es sind die Zuschauer, denen in diesen Theaterformen eine zentrale bedeutungsgenerierende Funktion zukommt. Sie haben die Freiheit, zwischen verschiedenen Ebenen der Wahrnehmung zu entscheiden und mögliche Bedeutungen, für die ein Rahmen bereitgestellt wird, selbst zu generieren. (Für ungeübte Zuschauer macht genau das möglicherweise die Schwierigkeit aus, einen Zugang zu manchen Performances zu finden.) In den Arbeiten von Performancegruppen wie Gob Squad oder Forced Entertainment ist es ebenso möglich, den Geschichten zu folgen, die entstehen oder erzählt werden, wie auch den Prozess ihrer Entstehung zu beobachten. Wirklichkeit wird hier im Rahmen selbst gesetzter Spielregeln, die den Rückgriff auf soziale Wirklichkeit außerhalb des Spiels in verschiedenster Weise einschließen, ganz offensichtlich erfunden. Dieses Spiel ist für die Performer nicht risikofrei und wir changieren als Zuschauer im besten Fall zwischen der Lust an den Geschichten und der Spannung, die die Erzählweise enthält.

Die zentrale Bedeutung, die in diesen Theaterformen für mich immer mitschwingt, ist, dass die Performativen Künste schneller sein können als jedwede (insbesondere ideologische) Verfestigung.

Wichtig ist mir zudem, dass das zeitgenössische Theater, beispielsweise über biografische Formate, subjektive Erzählungen (Wahrheiten) stark machen kann.

Für künstlerisch-pädagogische Prozesse scheint mir hoch relevant, dass die Performativen Künste im Rahmen von Rechercheverfahren die Fokussierung auf einen bestimmten Aspekt von Wirklichkeit vornehmen können. Hier lässt sich eine Nähe zur sozialen Lebenswelt der Performer herstellen oder es kann auch ein fremder Lebensaspekt erforscht und in der Gestaltung angeeignet werden.

Über Improvisationen rund um den Gegenstand und Rechercheprozess werden dann verschiedene mögliche Wahrheiten auf der Probe gefunden. Sie sind als Gestaltung eines Entwurfs von Wirklichkeit zu werten.

Soziales Lernen (nicht gleichzusetzen mit der Erkenntnis einer Wahrheit) gestaltet sich auch über die Erzählung von (Lebens-)Geschichten. Dabei ist jede Erzählung eines Lebens eingebunden in andere Erzählungen, die in ihrer Gesamtschau Wahrheit als immer wieder neu zu erzählende hervorbringen. Dies zeigen insbesondere die Performativen Künste.

Verweise

- auf eine künstlerische Arbeit: FORCED ENTERTAINMENT, ›Real Magic‹
- auf einen anderen Begriff: Mimesis
- auf eine Projektidee: eine biografisch-performative Arbeit zum Thema ›Kriminelle Vergangenheit‹

Eine performative Übung: Wahrheit und Lüge in der Recherche zu einem persönlichen Objekt

Der künstlerisch-pädagogische Akteur fordert die Teilnehmer auf, einen persönlichen Gegenstand aus der Tasche zu nehmen. Etwas, was einem am Herzen liegt, was man nicht leiden kann ...

Arbeitet man länger mit einer Gruppe oder möchte, dass der persönliche Gegenstand unter einem bestimmten thematischen, klanglichen oder anderweitig sinnlichen Aspekt ausgewählt wird, kann man die Aufgabe, ein persönliches Objekt mitzubringen, auch vorbereitend stellen.

Performer sitzen im Kreis.

Nach und nach erzählt jeder seine persönliche Geschichte mit dem Objekt. Hinweis: Es kann, muss aber nicht die Wahrheit erzählt werden.

Ein bis zwei Minuten, der künstlerisch-pädagogische Akteur fordert per Klatschen den Wechsel ein.

Dito: zweite Runde/dritte Runde (nur, wenn es nicht mehr als acht Teilnehmer sind)

Vierte Runde: eine Lüge und eine Wahrheit über sich und das Objekt

Gleiches Prinzip, eine Lüge und eine Wahrheit über sich ...

2. Begriffssammlung für die performative Praxis, Stand 2017

Abwesenheit
Arbeitsweisen
Ästhetische Bildung
Basteln
Darstellungsweisen
Diversität
Feedback
Flow
Flüchtigkeit
Formen und Formate
Gehen
Geste
Hybridität
Immersion
Institutionenentwicklung
Interaktion
Klang
Kollaboration
Kollektiv
Kooperation
Künstlerische Strategien
Lesart
Mimesis
Narration
Partizipation
Projekt
Prozess(-organisation)
Raum
Recherche
Reenactment
Sammeln
Theorie-Praxis-Bezug
Übersetzen
Umwege
Unschärfe
Verwicklung
Wahrheit und Lüge

Quellenverzeichnis

Literatur

ARENDT, HANNAH: *Sokrates. Apologie der Pluralität.* Berlin 2016.

BAECKER, DIRK: *Wozu Theater?* Berlin 2013.

BARTHES, ROLAND: *Fragmente einer Sprache der Liebe.* Frankfurt a. M. 1984.

BENJAMIN, WALTER: *Programm eines proletarischen Kindertheaters.* In: Ders.: »Über Kinder, Jugend und Erziehung.« 2. Aufl. Frankfurt a. M. 1969, S. 79–86.

BIERL, ANTON/SIEGMUND, GERALD/MENEGHETTI, CHRISTOPH/SCHUSTER, CLEMENS (Hg.): *Theater des Fragments. Performative Strategien im Theater zwischen Antike und Postmoderne.* Bielefeld 2009.

BLEYL, HENNING: *Das Moks. Metamorphosen und Häutungen eines ›Modellversuchs‹ mit Künstlerin und Schülern.* In: Schneider, Wolfgang (Hg.): »Theater und Schule. Ein Handbuch zur kulturellen Bildung.« Bielefeld 2009, S. 205–218.

BLOCH, ERNST/EISLER, HANNS: *Die Kunst zu erben.* In: Schmitt, Hans-Jürgen (Hg.): »Die Expressionismusdebatte. Materialien zu einer marxistischen Realismuskonzeption.« Frankfurt a. M. 1978, S. 258–263.

BLOCH, ERNST: *Etwas fehlt .... Uber die Widersprüche der utopischen Sehnsucht.* In: Dieckmann, Friedrich/Teller, Jürgen unter Mitarbeit von Uhl, Elke: »Viele Kammern im Welthaus.« Frankfurt a. M. 1994, S.687–703.

BOCKHORST, HILDEGARD/REINWAND, VANESSA-ISABELLE/ZACHARIAS, WOLFGANG (Hg.): *Handbuch Kulturelle Bildung.* München 2012.

BONZ, JOCHEN/STRUVE, KAREN: *Homi K. Bhabha: Auf der Innenseite kultureller Differenz: »in the middle of differences«.* In: Moebius, Stephan/Quadflieg, Dirk (Hg.): »Kultur. Theorien der Gegenwart.« 2. Aufl. Wiesbaden 2011, S. 132–145.

Brandstätter, Ursula: *Bildende Kunst und Musik im Dialog. Ästhetische, zeichentheoretische und wahrnehmungspsychologische Überlegungen zu einem kunstspartenübergreifenden Konzept ästhetischer Bildung.* 3. unveränd. Aufl. Augsburg 2014.

Brandstätter, Ursula: *Grundfragen der Ästhetik. Bild – Musik – Sprache – Körper.* Köln/Weimar/Wien 2008.

Brecht, Bertolt: *Handschriftliche Notiz.* Zit. n. Hartung, Günter: »Der Dichter Bertolt Brecht: Zwölf Studien.« Leipzig 2004.

Bröckling, Ulrich/Feustel, Robert (Hg.): *Das Politische denken. Zeitgenössische Positionen.* 3. Aufl. 2010, Bielefeld 2012.

Buber, Martin: *Das dialogische Prinzip.* 9. Aufl. Gütersloh 2002.

Butler, Judith: *Körper von Gewicht. Gender Studies.* Berlin 1995.

Butler, Judith: *Psyche der Macht. Das Subjekt der Unterwerfung.* Frankfurt a. M. 2001.

Certeau, Michel de: *Kunst des Handelns.* Berlin 1988.

Czirak, Adam: *Partizipation.* In: Fischer-Lichte, Erika/Kolesch, Doris/Warstat, Matthias: »Metzler Lexikon Theatertheorie.« Stuttgart 2014, S. 242–248.

Deck, Jan / Primavesi, Patrick: *Stop Teaching! Neue Theaterformen mit Kindern und Jugendlichen.* Bielefeld 2014.

Deck, Jan: *Von denkenden Werkzeugkisten und unwissenden Lehrmeistern.* In: Drescher, Hans-Jürgern/Holtzhauer, Christian: »Wie? Wofür? Wie weiter? Ausbildung für das Theater von morgen.« Berlin 2014, S. 54–62.

Deleuze, Gilles/Guattari, Félix: *Rhizom.* Berlin 1977.

Derrida, Jacques: *Geschichte der Lüge. Prolegomena.* Wien 2015.

Dewey, John: *Demokratie und Erziehung. Eine Einleitung in die philosophische Pädagogik.* (1915) Übers. von Erich Hyalla (Hg.). Mit einem Nachwort von Jürgen Oelkers. Weinheim/Basel 1993.

DIETZSCH, STEFFEN: *Kleine Kulturgeschichte der Lüge.* Leipzig 1998.

DÖRING, JÖRG/THIELMANN, TRISTAN: *Spatial Turn.* Bielefeld 2008.

DRESCHER, HANS-JÜRGERN/HOLTZHAUER, CHRISTIAN: *Wie? Wofür? Wie weiter? Ausbildung für das Theater von morgen.* Berlin 2014.

DREYSSE, MIRIAM/MALZACHER, FLORIAN (Hg.): *Experten des Alltags. Das Theater von Rimini Protokoll.* Berlin 2007.

EDELSTEIN, WOLFGANG/FAUSER, PETER: *Demokratie lernen und leben. Materialien zur Bildungsplanung und zur Forschungsförderung.* Heft 96, Bonn 2001.

ELIAS, JOSEF: *Schultheater. Spielversuche. Erfahrungsberichte – Möglichkeitsformen.* Hitzkirch 1978.

FAUSER, PETER/JOHN, JÜRGEN/STUTZ, RÜDIGER (Hg.): *Peter Peterson und die Jenaplan-Pädagogik.* Stuttgart 2012.

FAUSER, PETER: *Eine demokratische Schule? Die Universitätsschule Jena in ihrer Weimarer Gründungszeit. Versuch einer demokratiepädagogischen Qualitätsanalyse ihrer Praxis.* In: Fauser, Peter/John, Jürgen/Stutz, Rüdiger (Hg.): »Jenaplan-Pädagogik. Historische und aktuelle Perspektiven.« Stuttgart 2012, S. 161–226.

FISCHER-LICHTE, ERIKA/KOLESCH, DORIS / WARSTADT, MATTHIAS (Hg).: *Metzler Lexikon Theatertheorie.* Stuttgart 2014.

FOUCAULT, MICHEL: *Ästhetik der Existenz. Schriften zur Lebenskunst.* 4. Aufl. Frankfurt a. M. 2013.

FOUCAULT, MICHEL: *Ordnung der Dinge. Eine Archäologie der Humanwissenschaften.* Frankfurt a. M. 1971.

FREIRE, PAULO: *Pädagogik der Unterdrückten. Bildung als Praxis der Freiheit.* Reinbek bei Hamburg 1975.

GAZTAMBIDE-FERNÁNDEZ, RUBÉN A.: *Warum die Künste nichts tun. Auf dem Weg zu einer neuen Vision für die kulturelle Produktion in der Bildung.* In: Hamer, Gunhild (Hg.): »Wechselwirkungen. Kulturvermittlung und ihre Effekte.« München 2014, S. 51–86.

GIESE, NADINE/KOCH, GERD/MAZZINI, SILVIA: *SozialRaumInszenierung.* Berlin/Milow/Strasburg 2012.

GOB SQUAD: *Der unmögliche Versuch daraus klug zu werden.* Berlin 2010.

GÖHLICH, MICHAEL/ZIRFAS, JÖRG: *Lernen. Ein pädagogischer Grundbegriff.* Stuttgart 2007.

GOERTZ, HEINRICH: *Piscator.* Hamburg 1974.

GRONAU, BARBARA: *Theaterinstallationen: performative Räume bei Beuys, Boltanski und Kabakov.* München 2010.

GROTOWSKI, JERZY: *Für ein armes Theater.* Berlin 1994.

GRUSCHKA, ANDREAS: *Verstehen lehren. Ein Plädoyer für guten Unterricht.* Stuttgart 2014.

HABERMAS, JÜRGEN: *Strukturwandel der Öffentlichkeit. Untersuchungen zu einer Kategorie der bürgerlichen Gesellschaft.* Neuauflage Frankfurt a. M. 1990.

HAMER, GUNHILD (Hg.): *Wechselwirkungen. Kulturvermittlung und ihre Effekte.* München 2014.

HANTELMANN, DOROTHEA VON: *How to do things with Art.* Zürich/Berlin 2007.

HÄNTZSCHEL, JÖRG: *Chris Dercon. Theatermacher.* In: Süddeutsche Zeitung, 25./26. 04. 2015.

HARTMANN, ANNE: *Die ›Devising Performance‹ als theaterpädagogische Arbeitsmethode.* In: Hilliger, Dorothea: »Freiräume der Enge. Künstlerische Findungsprozesse der Theaterpädagogik.« Berlin 2009.

HARTUNG, GÜNTER: *Der Dichter Bertolt Brecht: Zwölf Studien.* Leipzig 2004.

HEHMEYER, KIRSTEN/PEES, MATTHIAS (Hg.): *Theater der Themen und Formate.* In: »IMPORT EXPORT Arbeitsbuch Theater der Zeit«. Heft Nr. 7/8, Berlin 2012, S. 6/7.

HELMER, JUDITH/MALZACHER, FLORIAN: *»Not Even a Game Anymore«. The Theatre of Forced Entertainment.* Berlin 2004.

HENTIG, HARTMUT VON: *Rousseau oder Die wohlgeordnete Freiheit.* München 2003.

Hentschel, Ulrike: *Theater lehren. Didaktik probieren.* Strasburg 2016.

Hentschel, Ulrike/Hilliger, Dorothea: *Theater probieren. Positionen zu einer Didaktik des Schulfachs Theater.* In: Barth, Dorothee: »Musik. Kunst. Theater. Fachdidaktische Positionen ästhetisch-kultureller Bildung an Schulen.« Osnabrück 2016, S. 121–131.

Hentschel, Ulrike: *Theaterspielen als ästhetische Bildung. Über einen Beitrag produktiven künstlerischen Gestaltens zur Selbstbildung.* Weinheim 1996.

Hilliger, Dorothea: *Bitte oszillieren Sie! Qualitätskriterien in der kulturellen Bildung.* In: Bundesverband Freier Theater e.V. (Hg.): »tanz + theater machen stark« 2013/14. Jahresdokumentation. Berlin 2015, S. 4–8.

Hilliger, Dorothea: *Freiräume der Enge. Künstlerische Findungsprozesse der Theaterpädagogik.* Berlin 2009.

Hilliger, Dorothea: *Irren ist künstlerisch – Bedeutungsfindung für die ästhetische Bildung. Eine Reflexion zum Labor von Martin Nachbar.* In: dan Droste, Gabi/ Jenni, Ursula/Werner, Birte (Hg.): »Anstecken! Das Künstlerische in der kulturellen Bildung. Eine Labortagung.« Wolfenbüttler Akademie-Texte Band 63, Wolfenbüttel 2016, S. 20–29.

Hilliger, Dorothea: *Künstlerische Qualität = pädagogischer Gewinn? Plädoyer für ein erweitertes Verständnis von Pädagogik auf dem Theater.* In: »Zeitschrift für Theaterpädagogik. Korrespondenzen.« 30. Jahrgang, Heft 64, April 2014, S. 26–29.

Hilliger, Dorothea: *Theaterpädagogische Inszenierung. Beispiele – Reflexionen – Analysen.* Berlin/Milow/Strasburg 2009.

Hilliger, Dorothea: *Vernetzungsstrategien oder: Das subversive Potential von Trampelpfaden.* In: Sting, Wolfgang/Mieruch, Gunter/Stüting, Eva Maria/ Klinge, Anne Kathrin: »TUSCH: Poetiken des Theatermachens. Werkbuch für Theater und Schule.« München 2012, S. 67–74.

Hoffmann, Christel/Israel, Annett (Hg.): *Theater spielen mit Kindern und Jugendlichen. Konzepte, Methoden, Übungen.* Weinheim/München 1999.

Hoffmann, Petra: *Der Klassenraum als dritter Pädagoge: Gestaltung und Einfluss des Klassenzimmers auf Schüler und Lehrer.* Hamburg 2015.

Jaeger, Friedrich/Straub, Jürgen (Hg.): *Handbuch der Kulturwissenschaften. Bd. 2. Paradigmen und Disziplinen.* Stuttgart 2004.

Jullien, François: *Das Universelle, das Einförmige, das Gemeinsame und der Dialog zwischen den Kulturen.* Berlin 2009.

Kahl, Reinhard: *Treibhäuser der Zukunft. Wie in Deutschland Schulen gelingen.* (DVD) Archiv der Zukunft, Weinheim 2006.

Kämpf-Jansen, Helga: *Ästhetische Forschung: Wege durch Alltag, Kunst und Wissenschaft; zu einem innovativen Konzept ästhetischer Bildung.* Köln 2001.

Kessl, Fabian/Reutlinger, Christian: *Sozialraum. Eine Einführung.* Wiesbaden 2007. Zit. n.: Giese, Nadine/Koch, Gerd/Mazzini, Silvia: »SozialRaumInszenierung.« Berlin/Milow/Strasburg 2012.

Keupp, Heiner/Ahbe, Thomas/Gmür, Wolfgang/Hofer, Renate/ Mitzscherlich, Beate/Kraus, Wolfgang/Straus Florian: *Identitätskonstruktionen. Das Patchwork der Identitäten in der Spätmoderne.* 2. Aufl. Reinbek bei Hamburg 2002.

Klein, Gabriele: *Choreographischer Baukasten.* Bielefeld 2011.

Klein, Julian: *in PER.SPICE! Wirklichkeit und Relativität des Ästhetischen.* Berlin 2009.

Klepacki, Leopold/Zirfas, Jörg: *Theatrale Didaktik. Ein Grundriss des schulischen Theaterunterrichts.* Weinheim/Basel 2013.

Kleve, Heiko/Koch, Gerd/Müller, Matthias (Hg.): *Differenz und soziale Arbeit. Sensibilität im Umgang mit dem Unterschiedlichen.* Berlin/Milow/Strasburg 2003.

Krajewski, Markus (Hg.): *Projektemacher. Zur Produktion von Wissen in der Vorform des Scheiterns.* 2. Aufl. Berlin 2008.

Laclau, Ernesto/Mouffe, Chantal: *Hegemonie und radikale Demokratie. Zur Destruktion des Marxismus.* Herausgegeben und übersetzt von Hintz, Michael/ Vollwallner, Gerd. 4. Aufl. Wien 2012.

Lévi-Strauss, Claude: *Das Wilde Denken.* Frankfurt a. M. 1968.

List, Volker/Pfeiffer, Malte: *Kursbuch Darstellendes Spiel.* Stuttgart 2009.

Löw, Martina: *Raumsoziologie.* Berlin 2000.

Ludwig, Joachim: *Lehr-Lerntheoretische Ansätze in der Erwachsenenbildung.* In: Tippelt, Rudolf und von Hippel, Aiga (Hg.): »Handbuch Erwachsenenbildung/Weiterbildung.« Wiesbaden 2016, S. 1–18.

Marchart, Oliver: *Das unmögliche Objekt. Eine postfundamentalistische Theorie der Gesellschaft.* Berlin 2013.

Matzke, Annemarie: *Arbeit am Theater. Eine Diskursgeschichte der Probe.* Bielefeld 2012.

Mayer, Ruth: *Postmoderne/Postmodernismus.* In: Nünning, Ansgar: »Grundbegriffe der Kulturtheorie und Kulturwissenschaften.« Stuttgart/Weimar 2005, S. 183–187.

Mendelsohn, Daniel: *Das athenische Drama.* In: »Lettre International 114.« Berlin 2016.

Meuter, Norbert: *Geschichten erzählen, Geschichten analysieren. Das narrativistische Paradigma in den Kulturwissenschaften.* In: Jaeger, Friedrich/Straub, Jürgen (Hg.): »Handbuch der Kulturwissenschaften. Bd. 2. Paradigmen und Disziplinen.« Stuttgart 2004, S. 140–155.

Meyer-Drawe, Käte: *Diskurse des Lernens.* München 2008.

Mieruch, Gunter: *Plädoyer für die Umbenennung des Schulfaches »Darstellendes Spiel« in »Theater«.* In: »Zeitschrift für Theaterpädagogik. Korrespondenzen.« 24. Jahrgang, Heft 53, Milow 2008, S. 28–30.

Miessen, Markus: *Albtraum Partizipation.* Berlin 2012.

Moebius, Stephan/Quadflieg, Dirk (Hg.): *Kultur. Theorien der Gegenwart.* 2. Aufl. Wiesbaden 2011.

Mörsch, Carmen: *Schnittstelle Kunst – Vermittlung.* Bielefeld 2007.

Mouffe, Chantal: *Agonistik. Die Welt politisch denken.* Berlin 2014.

MOUFFE, CHANTAL: *Über das Politische. Wider die kosmopolitische Illusion.* 5. Aufl. Frankfurt a. M. 2015.

NIKITIN, BORIS/SCHLEWIT, CARINA/BRENK, TOBIAS (Hg.): *Dokument, Fälschung, Wirklichkeit. Materialband zum zeitgenössischen dokumentarischen Theater. Theater der Zeit. Recherchen 110.* Berlin 2014.

NÜNNING, ANSGAR: *Grundbegriffe der Kulturtheorie und Kulturwissenschaften.* Stuttgart/Weimar 2005.

OMAN, HILTRUD: *Joseph Beuys. Die Kunst auf dem Weg zum Leben.* München 1998.

PINKERT, UTE (Hg.): *TheaterPädagogik am Theater. Kontexte und Konzepte von Theatervermittlung.* Berlin/Milow/Strasburg 2014.

PLATH, MAIKE: *»Spielend« unterrichten und Kommunikation gestalten.* Weinheim 2016.

PREUSS, ROLAND/OSEL, JOHANN: *Wie viel Digitalisierung nützt der Bildung – und wo liegen die Risiken?* In: Süddeutsche Zeitung, 02. – 04. 10. 2015.

RANCIÈRE, JACQUES: *Der unwissende Lehrmeister. Fünf Lektionen über die intellektuelle Emanzipation.* 2. Aufl. Wien 2009.

REBENTISCH, JULIANE: *Autonomie? Autonomie! Ästhetische Erfahrung heute.* In: »Sonderforschungsbereich 626 (Hg.): Ästhetische Erfahrung: Gegenstände, Konzepte, Geschichtlichkeit.«, Berlin 2006, S. 1 – 11.

RECKWITZ, ANDREAS: *Das hybride Subjekt. Eine Theorie der Subjektkulturen von der bürgerlichen Moderne zur Postmoderne.* 2. Aufl. Stuttgart 2012.

RECKWITZ, ANDREAS: *Die Erfindung der Kreativität. Zum Prozess gesellschaftlicher Ästhetisierung.* Berlin 2014.

RECKWITZ, ANDREAS: *Subjekt.* Bielefeld 2008.

REDEPENNING, MARC: *Zur Renaissance von Raum.* In: Döring, Jörg/ Thielmann, Tristan: »Spatial Turn.« Bielefeld 2008, S. 317 – 340.

REITZ, MICHAEL: *Wie kommt das Neue in die Welt? Gewöhnung und Transformation.* Deutschlandfunk. 24. 05. 2015.

Rittelmeyer, Christian: *Der Erzieher.* In: Lenzen, Dieter (Hg.): »Erziehungswissenschaft. Ein Grundkurs.« Berlin/Hamburg 1994, S. 205–227.

Rosanvallon, Pierre: *Für eine Begriffs- und Problemgeschichte des Politischen. Antrittsvorlesung am Collège de France.* In: »Mittelweg 36«, Beilage zu Heft 6, 2011/12, S. 43–66.

Roselt, Jens/Otto, Ulf (Hg.): *Theater als Zeitmaschine. Zur performativen Praxis des Reenactments.* Bielefeld 2012.

Rousseau, Jean-Jacques: *Emile oder Über die Erziehung.* Herausgegeben von Rang, Martin. Stuttgart 1998.

Ruch, Philipp: *Was ist politische Schönheit? Die Zukunft als Nährboden der höchsten Form aller Künste: Politik. Ein Essay.* In: Besand, Anja (Hg.): »Politik trifft Kunst. Zum Verhältnis von politischer und kultureller Bildung.« Bonn 2012, S. 94–103.

Sack, Mira: *Spielend denken.* Bielefeld 2011.

Schiller, Friedrich: *Über die ästhetische Erziehung des Menschen: In einer Reihe von Briefen.* Stuttgart 2006.

Schlagenwerth, Michaela: *Erste Schritte, oder: Die Schule mit Kunst infizieren. Der Weg zum Kulturprofil. Die Auftaktprojekte mit dem Lehrerkollegium und der Runde Tisch Kultur.* In: Ders. (Hg.): »›Kunst ist normal.‹ Wie die Hector-Peterson-Schule zu ihrem künstlerisch-kreativen Schulprofil kam.« Berlin 2016, S. 14–17.

Schlagenwerth, Michaela (Hg.): *»Kunst ist normal«. Wie die Hector-Peterson-Schule zu ihrem künstlerisch-kreativen Schulprofil kam.* Berlin 2016.

Schlie, Camilla/Willenbacher, Sascha (Hg.): *»Eure Zwecke sind nicht unsere Zwecke.« Zur Kooperationspraxis zwischen Theater und Schule im Berliner Modellprojekt ›JUMP & RUN‹.* Bielefeld 2016.

Schneider, Wolfgang (Hg.): *Theater und Schule. Ein Handbuch zur kulturellen Bildung.* Bielefeld 2009.

Schroer, Markus: *»Bringing space back in« – Zur Relevanz des Raums als soziologische Kategorie.* In: Döring, Jörg/Thielmann, Tristan: »Spatial Turn.« Bielefeld 2008, S. 125–148.

Schultze, Arved/Wurster, Steffi (Hg.): *X-Wohnungen Duisburg. Theater in privaten Räumen.* Berlin 2003.

Schütz, Alfred/Luckmann, Thomas: *Strukturen der Lebenswelt.* Bd. 1, 5. Aufl./Bd. 2, 3. Aufl. Frankfurt a. M. 1994.

Seel, Martin: *Theorien.* Frankfurt a. M. 2009.

Seidler, Ulrich: *Das grenzt an Liebe. Das erste Kinderstück von Forced Entertainment: »Das unmöglich mögliche Haus« im Theater an der Parkaue.* In: Berliner Zeitung, 24. 02. 2015.

Seitz, Hanne: *Modi der Partizipation im Theater: Zuschauer bleiben, Publikum werden, Performer sein ….* In: Pinkert, Ute (Hg.): »TheaterPädagogik am Theater. Kontexte und Konzepte von Theatervermittlung.« Berlin/Milow/Strasburg 2014, S. 79 – 89.

Shakespeare, William: *Ein Sommernachtstraum.* Stuttgart 1972.

Siegmund, Gerald: *Diskurs und Fragment. Für ein Theater der Auseinandersetzung.* In: Bierl, Anton/Siegmund, Gerald/Meneghetti, Christoph/Schuster, Clemens (Hg.): »Theater des Fragments. Performative Strategien im Theater zwischen Antike und Postmoderne.« Bielefeld 2009, S. 11 – 17.

Simhandl, Peter: *Theatergeschichte in einem Band.* Berlin 1996.

Simon, Fritz B.: *Die Unterscheidung Wirklichkeit / Kunst. Einige konstruktivistische Aspekte des »dokumentarischen Theaters«.* In: Nikitin, Boris/Schlewit, Carina/ Brenk, Tobias (Hg.): »Dokument, Fälschung, Wirklichkeit. Materialband zum zeitgenössischen dokumentarischen Theater. Theater der Zeit. Recherchen 110.« Berlin 2014, S. 39 – 48.

Stanislawski, Konstantin: *Die Arbeit des Schauspielers an sich selbst.* Band 1 und 2, Berlin 1986.

Sternfeld, Nora: *Verlernen vermitteln.* Hamburg 2014.

Sting, Wolfgang/Mieruch, Gunter/Stüting, Eva Maria/ Klinge, Anne Kathrin: *TUSCH: Poetiken des Theatermachens. Werkbuch für Theater und Schule.* München 2012.

TECKLENBURG, NINA: *Mythos Ereignis – Mythos Aufführung. Künstlerische Reenactments als Entmythisierungsverfahren.* In: Roselt, Jens/Otto, Ulf: »Theater als Zeitmaschine. Zur performativen Theorie des Reenactments.« Bielefeld 2012, S. 79–100.

THEATER IN DER SCHULE. Herausgegeben von der Körber-Stiftung und der Bundesarbeitsgemeinschaft Darstellendes Spiel e. V. Hamburg 2000.

WARTEMANN, GEESCHE: *Theater der Erfahrung. Authentizität als Forderung und als Darstellungsform.* Hildesheim 2002.

WATZLAWICK, PAUL: *Die Möglichkeit des Andersseins. Zur Technik der therapeutischen Kommunikation.* Bern 1977.

WATZLAWICK, PAUL: *Wie wirklich ist die Wirklichkeit? Wahn, Täuschung, Verstehen.* 5. Aufl. München 1978.

WEILER, CHRISTEL/ROSELT, JENS/RISI, CLEMENS (Hg.): *Strahlkräfte. Festschrift für Erika Fischer-Lichte.* Berlin 2008.

WEILER, CHRISTEL: *Weiter denken – analytisch und wild zugleich.* In: Weiler, Christel/Roselt, Jens/Risi, Clemens (Hg.): »Strahlkräfte. Festschrift für Erika Fischer-Lichte.« Berlin 2008, S. 28–41.

WELSCH, WOLFGANG: *Vernunft. Die zeitgenössische Vernunftkritik und das Konzept der transversalen Vernunft.* 2. Aufl. Frankfurt a. M. 1996.

WILLERS, CHANTAL: *Es geht auch ohne Pink und Glitzer. Ugo Dehaes »Girls«.* In: »Potsdamer neueste Nachrichten«, 27. 05. 2014.

WINGLER, HANS M.: *Das Bauhaus. 1919–1933 Weimar Dessau Berlin und die Nachfolge in Chicago seit 1937.* 5. Aufl. Köln 2005.

WINTER, STEFAN: *Zeitspuren. Zur Idee der künstlerischen Forschung.* In: »MOZ« 4, Perugia 2013.

WIRTH, UWE (Hg.): *Performanz. Zwischen Sprachphilosophie und Kulturwissenschaften.* Frankfurt a. M. 2002.

WOERNER, GERT/GEISLER, ROLF (Red.): *Kindlers Literaturlexikon,* Band VI, Weinburgen 1982.

Zerstörte Kraft der Worte In: »taz« 04. 05. 2017.

Internetseiten

http://www.ahk.nl/atd/nieuws/2015/03/31/watch-the-dasarts-feedback-film/

http://www.art-magazin.de/kunst/kunstgeschichte/14157-rtkl-die-geschichte-des-dadaismus-tanz-den-dada

http://www.blk-bonn.de/papers/heft96.pdf

http://www.buendnisse-fuer-bildung.de/

http://www.bundesakademie.de/pdf/tagungsbericht_anstecken.pdf

http://www.deutschlandfunk.de/wie-kommt-das-neue-in-die-welt-1-2-gewoehnung-und.1184.de.html?dram:article_id=317148

http://dictionary.cambridge.org/dictionary/english-german/devise

http://digital.csic.es/bitstream/10261/31935/3/%2BDeliberation%20-%20 Enziklop%C3%A4die%202010.pdf

http://www.eule-thueringen.de/publikationen/grundlagen/download/fauserwirklichkeit.pdf

http://fabrikpotsdam.de/index.php?p=tanztage&&id=2416&lang=DE

http://www.fabuleus.be/

http://www.fluter.de/peter-handke-publikumsbeschimpfung

http://www.forcedentertainment.com/project/the-possible-impossible-house/

https://www.foreignaffairs.com/articles/united-states/1993-06-01/clash-civilizations

http://www.hebbel-am-ufer.de/programm/spielplan/kadir-amigo-memis-kellerkinder/

http://www.kampnagel.de/de/programm/that_night_follows_day

https://www.kinderrechtskonvention.info/

https://www.kubi-online.de/artikel/modi-partizipation-theater-zuschauer-bleiben-publikum-werden-performer-sein

http://www.kulturagenten-programm.de/programm/programmbeschreibung/

http://www.kultur-forscher.de/fileadmin/system/dokumente/service/infomaterial/15_Thesen_K%E4mpf-Jansen.pdf

http://www.kultur-forscher.de/materialien/aesthetische-forschung.html

http://www.kulturstiftung-des-bundes.de/cms/de/programme/doppelpass/

http://www.kwaadbloed.com/?type=work&txt_id=84&searchterm=&lng=eng

http://www.leipzig1813.com/de/home.html

http://new-hamburg.de/wp/

https://en.oxforddictionaries.com/definition/framing

http://www.pnn.de/potsdam-kultur/859422/

http://www.politicalbeauty.de/

http://www.spiegel.de/lebenundlernen/schule/ehemalige-ruetli-schule-vom-schlachtfeld-zum-bildungsidyll-a-724761.html

http://www.spiegel.de/schulspiegel/wissen/ehemalige-ruetli-schule-vom-schlachtfeld-zum-bildungsidyll-a-724761.html

http://link.springer.com/referenceworkentry/10.1007/978-3-531-20001-9_13-1

http://www.sueddeutsche.de/kultur/chris-dercon-theatermacher-1.2451559

http://www.sueddeutsche.de/kultur/debatte-die-regeln-des-spiels-1.3340477

http://www.sueddeutsche.de/kultur/essay-achtung-echte-menschen-1.3318236

http://www.tagesspiegel.de/kultur/fuer-sitzenbleiber/1873762.html

http://tanzhaus-nrw.de/main_pages/girls-festivaleroeffnung--3

http://www.tanzimaugust.de/programm/festivalplan/dehaes-girls/

http://www.taz.de/!506701/

http://timetchells.com/projects/that-night-follows-day/

http://www.turbopascal.info/produktionen/publikumsbeschwoerung/

http://www.tusch-berlin.de/entstehungsgeschichte/

http://www.uni-potsdam.de/eteachingwiki/index.php/Subjektwissenschaftliche_
Begründungszusammenhänge

http://www.volksbuehne-berlin.de/praxis/glanz_und_elend_der_kurtisanen/

http://www.wochenklausur.at/methode.php?lang=de

https://www.youtube.com/watch?v=ok7BVWbMdDc

https://www.youtube.com/watch?v=SjsrLtpx2EI

http://www.youtube.com/watch?v=ZZCoj-oDIKk